E. Deutsch O. S. Freyermuth U. Koenig

Die Vervielfältigung von Filmen durch Hochschulen und ihre Einrichtungen

Rechtliche Probleme untersucht am Beispiel des IWF-Filmverleihs

Springer-Verlag
Berlin Heidelberg New York Tokyo

Prof. Dr. Erwin Deutsch
Ortwin Schneider-Freyermuth
Ulrich Koenig

Juristisches Seminar der Universität Göttingen
Abteilung für internationales und ausländisches Privatrecht
Universität Göttingen, Nikolausberger Weg 9a 3400 Göttingen

Gedruckt mit Hilfe von Forschungsmitteln des Landes Niedersachsen

ISBN-13: 978-3-540-15728-1 e-ISBN-13: 978-3-642-70654-7
DOI: 10.007/978-3-642-70654-7

CIP-Kurztitelaufnahme der Deutschen Bibliothek. Deutsch, Erwin:
Die Vervielfältigung von Filmen durch Hochschulen und ihre
Einrichtungen: unters. am Beispiel d. IWF-Filmverleihs /
E. Deutsch; O. S. Freyermuth; U. Koenig. –
Berlin; Heidelberg; New York; Tokyo; Springer, 1985
NE: S. Freyermuth, Ortwin; Koenig, Ulrich:

Satz: Elsner & Behrens GmbH, Oftersheim
Druck und Bindearbeiten: Offsetdruckerei Julius Beltz, Hemsbach/Bergstraße
2142/3140-543210

Vorwort

Die Videotechnik findet im Wissenschaftsbereich immer weitere Verbreitung. Die Bildungseinrichtungen gehen deshalb vermehrt dazu über, eigene Filme für ihre Zwecke zu produzieren und entliehene Filme auf Videobänder zu überspielen, um sie ggfs. in sog. Videotheken bereitzuhalten.
Am Beispiel des Instituts für den wissenschaftlichen Film untersucht die vorliegende Abhandlung, in welchem Umfang hergestellte oder entliehene Filme ohne Zustimmung der Urheber, bzw. Nutzungsberechtigten vervielfältigt werden dürfen. Im Vordergrund stehen dabei Vervielfältigungsbefugnisse für den wissenschaftlichen Gebrauch, wie sie sich aus den §§ 53, 54 des Urheberrechtsgesetzes vom 9. 9. 1965 ergeben. Anschließend wird die Frage erörtert, inwieweit der Filmverleiher die gesetzliche Befugnis des Kunden zur Vervielfältigung für den eigenen Gebrauch durch Allgemeine Geschäftsbedingungen ausschließen kann.
Die am 1. Juli 1985 in Kraft getretenen Änderungen des Urheberrechtsgesetzes betreffen nicht den hier untersuchten Umfang der Vervielfältigungsrechte für den eigenen Gebrauch der Wissenschaftler, bzw. der Hochschulen. Die bisher in § 54 normierte Vervielfältigung für den wissenschaftlichen Gebrauch ist jetzt unverändert zusammen mit den übrigen gesetzlichen Vervielfältigungsbefugnissen in § 53 geregelt. § 54 neuer Fassung enthält ein erweitertes Vergütungsrecht der Urheber. Angesichts der geringen Höhe der Vergütung entschärft die Urheberrechtsreform das Problem der Vervielfältigung zum eigenen Gebrauch nicht, so daß der zulässige Umfang dieser Befugnis und die Möglichkeit, diese vertraglich auszuschließen, von unveränderter Bedeutung sind.
Das Manuskript wurde im Januar 1985 abgeschlossen. Für die sorgfältige Erledigung der Schreibarbeiten haben wir Frau Ingrid Geisler zu danken.

Göttingen, August 1985

E. Deutsch
O. S. Freyermuth
U. Koenig

Inhaltsverzeichnis

1. Teil: Sachverhalt

A. Das Institut für den Wissenschaftlichen Film

I. Träger und Rechtsform

Das Institut für den Wissenschaftlichen Film (IWF) wurde 1956 durch Gründung einer gemeinnützigen Gesellschaft mit beschränkter Haftung rechtlich verselbständigt, nachdem es seit 1945 als Abteilung „Hochschule und Forschung" des Münchener Instituts für Film und Bild in Wissenschaft und Unterricht gem. GmbH (Nachfolger der gleichnamigen Berliner Reichsanstalt) bestanden hatte.
Gesellschafter sind die Länder Baden-Württemberg, Bayern, Berlin, Bremen, Hamburg, Hessen, Niedersachsen, Nordrhein-Westfalen, Rheinland-Pfalz und Schleswig-Holstein.

II. Zweck des Instituts

Das IWF dient gemäß § 3 Abs. 1 des Gesellschaftsvertrages ausschließlich und unmittelbar dem gemeinnützigen, insbesondere wissenschaftlichen Zweck, die Verwendung von Film, Lichtbild und Tonträger in der Wissenschaft für Zwecke der Forschung und Lehre im Interesse der Allgemeinheit zu fördern.
Gemäß § 3 Abs. 2 des Gesellschaftsvertrages kann das Institut zu diesem Zweck alle erforderlichen Mittel, insbesondere Filme, Filmkopien, Lichtbildreihen und Tonträger herstellen und vertreiben, ferner Aufnahme-, Vorführ- und Wiedergabegeräte nebst Zubehör entwickeln und ihre Entwicklung fördern sowie alle diese Gegenstände beschaffen und vermitteln.

B. Das Filmangebot des IWF und die hinsichtlich der Filmherstellung getroffenen vertraglichen Vereinbarungen

I. Das Filmangebot des IWF

Das vom IWF angebotene Filmmaterial läßt sich in drei Filmarten unterteilen:

– **Forschungsfilme**
In Forschungsfilmen werden Vorgänge filmisch festgehalten, deren Erforschung mittels kinematographischer Methoden (Zeitraffer, Zeitdehnung etc.) sinnvoll ist.

– **Hochschulunterrichtsfilme**
Hochschulunterrichtsfilme stehen zusammen mit einer schriftlichen Begleitveröffentlichung des Autors für Lehre und Forschung zur Verfügung.

– **Dokumentationsfilme**
In Dokumentationsfilmen werden einmalige oder nicht leicht wiederholbare Bewegungsabläufe festgehalten und als „Filmkonserven“ für Forschung und Lehre erhalten.
Für die Encyclopaedia Cinematographica, einer internationalen Filmsammlung nach lexikographischen Gesichtspunkten, hat das IWF ca. 2500 Dokumentationsfilmeinheiten gesammelt.
Insgesamt verfügt das IWF über ca. 6000 Filmtitel (mit durchschnittlich je 3 bis 4 Kopien für den Verleih) aus den Wissenschaftsgebieten Medizin, Biologie, Physik, Chemie, Technik, Geschichte, Ethnologie und Psychologie.

II. Beschaffung des Materials und getroffene Vereinbarungen hinsichtlich der Urheber- und Nutzungsrechte

Für die Auswahl des Filmmaterials, das produziert oder angekauft werden soll, sind die wissenschaftlichen Referenten des IWF zuständig. Ihnen steht ein wissenschaftlicher Beirat mit beratender Stimme zur Seite.
Regelmäßig wird das Filmthema von einem institutsfremden externen Wissenschaftler vorgeschlagen. Wenn das Filmvorhaben dann auf seine filmische Eignung und technische Durchführbarkeit geprüft und positiv bewertet worden ist, erstellen der externe Wissenschaftler, der zuständige IWF-Referent und der Kameramann gemeinsam einen Aufnahmeplan. Auch die Dreharbeiten und der nachfolgende Filmschnitt werden unter Zusammenarbeit von Wissenschaftler, IWF-Referent und Aufnahmeteam durchgeführt. Falls aus didaktischen Gründen erforderlich, werden bei Hochschullehrfilmen die Aufnahmen durch einen Zeichentrickteil ergänzt. Die Vertonung erfolgt nach einem vom Wissenschaftler gelieferten Kommentartext.

1. Vereinbarungen mit dem Personal des IWF

Mit dem Personal des IWF wird hinsichtlich der Verwertungsrechte an den hergestellten Filmwerken im Anstellungsvertrag folgende Vereinbarung getroffen:

§ 5 Soweit der/die Angestellte Urheberrechte und verwandte Schutzrechte an den von ihm/ihr im Rahmen der dienstlichen Tätigkeit hergestellten Werken i. S. der §§ 2 und 72 des Urheberrechtsgesetzes vom 9. 9. 1965 in der jeweils geltenden Fassung erwirbt, überträgt er/sie dem Institut das ausschließliche Recht, diese Werke auf alle bekannten Nutzungsarten ohne räumliche und zeitliche Einschränkung zu nutzen, ohne daß es noch einer besonderen Übertragung bedarf. Dies gilt nicht für Veröffentlichungen.

§ 6 Veröffentlichungen und Vorträge aus der Arbeit des Instituts und solche, in denen der Autor auf seine Tätigkeit bei dem Institut Bezug nimmt, bedürfen der vorherigen Zustimmung des Institutsdirektors.

2. Vereinbarungen mit den externen Wissenschaftlern

Die vertraglichen Vereinbarungen, die zwischen dem Wissenschaftler und dem IWF für die Durchführung des Filmvorhabens getroffen werden, sind je nach Filmart und verwendetem Material unterschiedlich.

a. Eigenproduktion

Die Filme werden vom IWF in Zusammenarbeit mit externen Wissenschaftlern sowohl in eigenen Produktionsstätten als auch an der Arbeitsstätte des Wissenschaftlers erstellt. In den beiden für die Vereinbarungen verwendeten Vertragsvordrucken ist hinsichtlich der Urheber-, bzw. Nutzungsrechte übereinstimmend folgende Regelung getroffen:

1. Das IWF wird in Zusammenarbeit mit dem Vertragspartner ein Filmvorhaben über das Thema ... durchführen.
   Die wissenschaftliche Verantwortung übernimmt der Vertragspartner, die filmische Gestaltung das IWF.
6. Für den Fall, daß der Vertragspartner durch seine Mitwirkung ein Urheberrecht am Filmwerk erwirbt, räumt er dem IWF als gemeinnütziger Institution mit Abschluß der Vereinbarung das ausschließliche sowie räumlich, zeitlich und inhaltlich unbeschränkte Recht ein, das Filmwerk auf alle bekannten Arten, Systeme und Verfahren der Kinematographie und der Videotechnik und deren Möglichkeit einer Auswertung des Films und seiner Teile zu nutzen, gleichgültig ob diese Arten, Systeme und Verfahren bereits in Benutzung sind oder erst in Zukunft genutzt werden. Dazu gehört auch das Recht, den Film im ganzen oder Teile daraus im Wege audiovisueller Verfahren, gleich welcher Technik, aufzuzeichnen, wiederzugeben und auch in Kassettenform zu nutzen, wobei es unerheblich ist, ob die Nutzung öffentlich oder nicht-öffentlich, gewerblich oder nicht-gewerblich, durch Verkauf oder Vermietung oder in sonstiger Weise erfolgt. Das IWF ist berechtigt, über alle ihm zustehenden Rechte frei zu verfügen und sie an Dritte zu übertragen.

Für Filmvorhaben an eigenen Produktionsstätten des IWF ist zugunsten des Vertragspartners eine Beteiligung von 50% an den Einnahmen vorgesehen, die das IWF aus der Übertragung von Lizenzen für das Filmwerk erzielt.

b. Verwendung von Fremdmaterial

Das IWF produziert Filmtitel aller drei Filmarten auch unter Verwendung von Material, das der Vertragspartner selbst mit eigenen Mitteln oder mit einer vom IWF bereitgestellten Ausrüstung hergestellt hat.
In den beiden für diese Filmproduktion konzipierten Formularen lautet die Vereinbarung hinsichtlich der Urheber- und Nutzungsrechte übereinstimmend:

1. Der Vertragspartner überläßt dem IWF ... Filmaufnahmen ... für die Veröffentlichung von wissenschaftlichen Filmfassungen.
   Die Bearbeitung des Filmmaterials geschieht in gegenseitiger Übereinstimmung.
4. (5.) Das Urheberrecht an den Filmen steht dem Vertragspartner allein zu.
5. (6.) Der Vertragspartner überträgt dem IWF als gemeinnütziger Institution das ausschließliche Recht, die Filme zur nicht-gewerblichen Nutzung ohne räumliche und zeitliche Einschränkung auf alle bekannten Arten, Systeme und Verfahren der Kinematographie und der Videotechnik zu vervielfältigen und zu verbreiten. Das IWF ist insbesondere berechtigt, Kopien und Videobänder der Filme zu verkaufen, zu verleihen und vorzuführen.

Ferner überträgt der Vertragspartner dem IWF das Recht, Einzelbilder der Filme und Auswertungen der Filmaufnahmen in Form von Zeichnungen, Diagrammen usw. – mit Quellenangabe in üblicher Form – in eigenen wissenschaftlichen Publikationen kostenlos zu verwenden.
Alle Rechte, insbesondere das Senderecht, verbleiben dem Vertragspartner.
Sofern der Vertragspartner eine vom IWF gestellte Ausrüstung verwandt hat, wird zusätzlich vereinbart: Im Falle einer kommerziellen Nutzung der Filmaufnahmen wird der Vertragspartner die Zustimmung des IWF einholen. Soweit er aus der kommerziellen Nutzung oder Übertragung von Fersehlizenzen Einnahmen hat, wird er das IWF mit 50% beteiligen.

3. Ankauf fremder, insbesondere ausländischer Filme

Das IWF unterhält ein Sonderarchiv fremder, vornehmlich ausländischer Filme. Diese werden angekauft, wenn ihr Inhalt für den hiesigen Bilddungsbereich von allgemeinem Interesse ist.
Die an diesen Filmen erworbenen Nutzungsrechte sind häufig beschränkt. Das entsprechende Vertragsformular sieht folgende alternative Regelungen vor:

2. Der Vertragspartner überträgt dem IWF das einfache Recht, den/die Film(e) – innerhalb der Bundesrepublik Deutschland und in Westberlin – ohne räumliche und zeitliche Einschränkung im Bildungsbereich zu verleihen.

In den Katalogen des IWF zeigen Symbole den Umfang der Nutzungsrechte an, die das IWF an den jeweiligen Filmen erworben hat. Es bestehen folgende Möglichkeiten für deren Beschränkung:
- nicht für USA und Kanada
- nur für Bundesrepublik Deutschland und West-Berlin
- nur leihweise
- nur leihweise, nur für Europa
- nur leihweise, nur für Bundesrepublik Deutschland und West-Berlin
- nur für den deutschsprachigen Bereich

C. Abgabe der Filme an die Benutzer des IWF

I. Überblick

Das Filmangebot des IWF steht jedem zur Verfügung. Entsprechend dem Gesellschaftszweck bestehen jedoch Vergünstigungen für Hochschulen im In- und Ausland und einige andere Bildungseinrichtungen.
Der Verleih von Filmen stellt das Haupttätigkeitsfeld des IWF dar. Alle Filme können entliehen werden. Sofern der Titel nur als Filmkopie vorhanden ist – wie die Mehrzahl der Filme –, scheidet ein Verleih auf Videoband aus. Das IWF bietet aber alle Filme, an denen es entsprechende Urheber- bzw. Nutzungsrechte hat, auch zum Verkauf an. Jeder vorhandene Titel kann nicht nur als Filmkopie, sondern auch als Videokopie erworben werden.

II. Lieferbedingungen II/79 für Verleih und Verkauf

Für Verleih und Verkauf gelten die formularartigen Lieferbedingungen II/79. (Die mit Wirkung vom 1. 1. 1985 vorgenommenen Änderungen bleiben außer Betracht.) Die hier wesentlichen Ziffern haben folgenden Wortlaut:

2. Die Preise für den Verleih und Verkauf sind aus der jeweils gültigen Preisliste zu ersehen. Die fällige Miete wird den nachstehend genannten Einrichtungen nicht in Rechnung gestellt, wenn die Kopien innerhalb von zwei Wochen (ausschließlich Transportzeit) zurückgesandt werden:
   - Hochschulen

   In der Bundesrepublik Deutschland und West-Berlin:
   - Wissenschaftlichen Instituten, die vom Bund und/oder den Ländern finanziert werden
   - Museen in öffentlicher Trägerschaft
   - Krankenhäuser und Kliniken
   - Schulen
   - Volkshochschulen
3. Der Besteller trägt die Versandkosten.
4. Für den Verlust und jede Beschädigung der Kopien, die über die normale Abnutzung hinausgeht, ist der Entleiher schadensersatzpflichtig.
7. Die gekauften und geliehenen Kopien dürfen nur im Bildungsbereich sowie nur in nicht-öffentlichen und nicht-gewerblichen Vorführungen gezeigt werden.
8. Erworbene und entliehene Kopien dürfen nur unverändert vorgeführt werden. Die Vervielfältigung und die Überspielung auf andere Bild- und/oder Tonträger – auch teilweise – sowie die entgeltliche oder unentgeltliche Überlassung an Dritte ist nicht gestattet.
9. Eine Lizenzvergabe erfolgt ausschließlich durch das Institut bzw. den jeweiligen Rechtsinhaber (beim IWF zu erfragen).

Zu Nr. 2 der Lieferbedingungen ist zu ergänzen, daß die Miete für die ersten zwei Wochen den genannten Einrichtungen auch dann nicht in Rechnung gestellt wird, wenn sie die Filmkopie über diesen Zeitraum hinaus entleihen. Berechnet wird folglich immer nur die über zwei Wochen hinausgehende Entleihzeit.
Die unter Nr. 7 vereinbarte Beschränkung auf nicht-öffentliche Vorführungen im Bildungsbereich soll hochschul-öffentliche Vorführungen nicht ausschließen.

III. Bedingungen für die Überspielung auf Videobänder durch Entleiher

Mit der zunehmenden Verwendung von Videosystemen in den Bildungseinrichtungen wurde an das IWF der Wunsch gerichtet, die Überspielung von entliehenen IWF-Filmen auf Videobänder zu gestatten.
Daraufhin teilte das IWF in einem Schreiben vom 12. 3. 1982 allen ständigen Kunden, insbesondere den Audio-Visuellen Zentren der Hochschulen mit, daß Überspielungen von geliehenen oder gekauften Kopien nach den Lieferbedingungen unzulässig seien. Jedoch könne die Überspielung unter folgenden Bedingungen gestattet werden:

1. Die Hochschulen und die Landesbildstellen müssen das IWF schriftlich von der beabsichtigten Überspielung verständigen und den Titel des Films mitteilen. Das IWF prüft dann, ob die erforderlichen Vervielfältigungs- und Vorführrechte übertragen werden können.
2. Die Kopien der Filme werden vom IWF zum Vorzugspreis erworben.

(Gemeint ist: Das IWF verkauft die Filme, von denen der Abnehmer die Vervielfältigungsstücke anfertigt, zum Vorzugspreis. Anmerkung des Gutachters.)

3. Die Hochschulen und die Landesbildstellen erhalten das Recht, die Filme auf eigene Kosten bis zu fünfmal auf Videoband zu überspielen bzw. überspielen zu lassen und das Videoband/Videobänder im Bildungsbereich nicht-öffentlich und nicht-kommerziell vorzuführen.
4. Die Rechtsübertragung ist für 10 Jahre beschränkt. Der Verkauf und/oder Verleih des Videobandes/der Videobänder und jede andere Nutzung ist untersagt. Für die Übertragung der Vervielfältigungs- und Vorführrechte berechnet das IWF zusammen mit dem Kaufpreis (Ziff. 2) der Kopie einen einmaligen Lizenzpreis von DM 30,– pro angefangene Minute.

IV. Zustandekommen des Entleih- bzw. Kaufvertrages zwischen IWF und Kunde

Regelmäßig nimmt die interessierte Bildungseinrichtung von sich aus mit dem IWF Kontakt auf. Das IWF fordert daraufhin den zukünftigen Kunden schriftlich auf, die Lieferbedingungen anzuerkennen.

Nach Erhalt dieser Antwort führt das IWF die Bestellung unter Beifügung des Lieferscheins aus, auf dessen Rückseite die Lieferbedingungen noch einmal abgedruckt sind. Auf der Vorderseite des Lieferscheins befindet sich am unteren Rand der Vermerk:

Lieferungen erfolgen ausschließlich nach unseren umseitigen Lieferbedingungen.

Jedem Lieferschein liegt ein vorgedrucktes Bestellformular bei. Dieses muß der Besteller bei zukünftigen Anforderungen ausgefüllt und unterschrieben an das IWF zurücksenden. Mit der Unterschrift bestätigt der Kunde folgenden vorgedruckten Satz:

Wir bestellen die o. g. Filme zu ihren gegenwärtigen Lieferbedingungen.

Die Lieferbedingungen sind auch in allen Katalogen des IWF abgedruckt.

Ausnahmsweise ist eine fernmündliche Bestellung möglich, die der Kunde formlos schriftlich bestätigen muß. In einem solchen Fall kann die erste Bestellung ausgeführt werden, ohne daß der Kunde die Lieferbedingungen zuvor ausdrücklich anerkannt hat.

Welches Verfahren bei der Aufnahme der Geschäftsbeziehungen zwischen den jeweiligen Universitäten und dem IWF angewandt wurde, ist nicht mehr festzustellen. Die Geschäftsbeziehungen bestehen jedoch schon seit längerem.

D. Fragestellung

Dem IWF ist bekannt, daß die Audio-Visuellen Medienzentren einiger Universitäten Filme des IWF auf Videoband überspielt haben und innerhalb der Universität nutzen lassen.

Der Anlaß der Herstellung und die spätere Verwendung der Kopien sind im einzelnen nicht bekannt. Die Kopien können einerseits für den Gebrauch der Hochschule als juristische Person des öffentlichen Rechts hergestellt und für deren An-

gestellte oder für Vorführungen in den Lehrveranstaltungen zur Verfügung gestellt worden sein. Alternativ wie kumulativ kommt aber auch in Betracht, daß die entliehenen Filme auf Anforderung eines Mitglieds des wissenschaftlichen Personals der Hochschule kopiert wurden, um in dessen Lehrveranstaltungen oder bei dessen Forschungsarbeiten Verwendung zu finden.
Es ist zu untersuchen, ob die Herstellung der Videokopien durch die Universitäten als Entleiher von IWF-Filmen zulässig ist. Das Gutachten soll neben einer möglichen Verletzung von Rechten des IWF auch die Frage berücksichtigen, ob durch die Anfertigung der Videokopien solche Rechte Dritter verletzt werden, zu deren Wahrung das IWF verpflichtet sein könnte.

2. Teil: Rechtliche Stellungnahme

Bei der gutachterlichen Stellungnahme ist zwischen der Rechtslage nach dem Urheberrechtsgesetz und eventuellen Abweichungen aufgrund vertraglicher Absprachen zu unterscheiden:

Die Bearbeitung der urheberrechtlichen Problemstellungen geht zunächst von der Frage aus, welche Rechte das IWF an den von ihm verliehenen Filmen erworben hat, um sodann eine mögliche Verletzung dieser Rechte zu untersuchen.

Als mögliche Verletzungshandlung ist zunächst die Herstellung der Videokopien, d. h. die Vervielfältigung der entliehenen Werkexemplare heranzuziehen. Dabei muß zwischen den beiden Möglichkeiten unterschieden werden, daß die Filme für den Gebrauch der Hochschule als juristische Person des öffentlichen Rechts oder für Forschungs- und Lehrzwecke einzelner Mitglieder des wissenschaftlichen Personals kopiert wurden. In jeder Variante sind wiederum die verschiedenen Möglichkeiten der Verwendung des Vervielfältigungsstücks zu untersuchen.

Nach der Stellungnahme zu möglichen Beeinträchtigungen der Rechte des IWF wird unter den gleichen Aspekten untersucht, ob die Anfertigung der Videokopien die Rechte Dritter verletzt und das IWF verpflichtet ist, dies zu verhindern.

Die jeweils ermittelten Ergebnisse zu den urheberrechtlichen Fragestellungen werden abschließend daraufhin überprüft, ob sie mit den verfassungsrechtlichen Grundsätzen als höherrangigem Recht zu vereinbaren sind.

Mögliche Abweichungen von der urheberrechtlichen Rechtslage können die vertraglichen Absprachen bringen.

Die Begutachtung der vertraglichen Beziehungen zwischen dem IWF und den Universitäten setzt bei der Problematik der Einbeziehung von Allgemeinen Geschäftsbeziehungen beim Zustandekommen von Verträgen ein. Dabei wird die Anwendbarkeit von öffentlichem Recht vorab zu erörtern sein. Mit der Einbeziehung der Lieferbedingungen in die Verträge zwischen dem IWF und den Hochschulen muß unter Berücksichtigung der besonderen Auslegungsgrundsätze für Allgemeine Geschäftsbedingungen ihr Inhalt ermittelt werden.

Besonderes Augenmerk ist auf die Klauseln Ziffer 2 und Ziffer 8 zu legen.

Anschließend muß die Frage der Nichtigkeit und Anfechtbarkeit der Verträge – insbesondere durch die Hochschulen – erörtert werden. Bei der nachfolgenden Inhaltskontrolle der Lieferbedingungen sind die einzelnen problematischen Klauseln auf eine unangemessene Benachteiligung der Hochschulen zu überprüfen, wobei die geschichtliche Entwicklung des Rechts der Allgemeinen Geschäftsbedingungen wegen des geringen Alters der positivrechtlichen Grundlage eine besondere Rolle spielt. Schließlich wird auf den möglichen Einwand der unzulässigen Rechtsausübung einzugehen sein, welches vorab eine Erörterung des Verhältnisses von AGBG und § 242 BGB nötig macht.

1. Abschnitt: Urheberrechtliche Beurteilung

A. Rechte des IWF an den angebotenen Filmen

Die Audio-visuellen Medienzentren (AVMZ) einiger Universitäten haben entliehene Filme auf Videobänder kopiert, die im Rahmen der Hochschularbeit einem nicht näher bekannten Zuschauerkreis vorgeführt werden.
Dieses Vorgehen könnte Vervielfältigungsrechte (§ 16 UrhG) und Vorführungsrechte (§ 19 UrhG) des IWF als Urheber oder Nutzungsberechtigten verletzen. Darüber hinaus kommt eine Verletzung der Leistungsschutzrechte (§ 94 UrhG) des IWF als Filmhersteller in Betracht.
Als erste Voraussetzung für solche Rechtsverletzungen ist zu prüfen, ob das Institut entsprechende Urheber-, Verwertungs- und verwandte Schutzrechte an den Filmen hat.

I. Unterteilung der Filme in Filmwerke i. S. v. § 2 Abs. 1 Nr. 6 UrhG und Laufbilder i. S. v. § 95 UrhG

Das IWF bietet Filme sehr unterschiedlichen Inhalts an. Dieser reicht von der schlichten Dokumentation von Bewegungsabläufen oder unerforschten Vorgängen bis zur Vermittlung abgeschlossener Themenbereiche in Lehrfilmen (vgl. ausführlich die Darstellung im 1. Teil, B.I.). Das Urheberrecht schützt Werke aus dem Bereich der Literatur, Wissenschaft und Kunst (§ 1 UrhG). Wissenschaftliche Werke sind alle Werke, die nach wissenschaftlichen Methoden erarbeitet sind und zudem der Forschung und Belehrung dienen. Mit Rücksicht auf das Merkmal der Belehrung zählen hierzu auch die verschiedenen Lehrmittel wie Lehrfilme, Lehrmaterialien auf Ton- und Bildträgern und auch Videobänder.

Hübner/Ulmer, Fernstudium im Medienverbund – Hochschulrechtliche und Urheberrechtliche Probleme, Weinheim 1972, S. 79; Nordemann, Urheberrecht an Lernmitteln, NJW 1970, 881; Möhring/Nicolini, Kommentar zum Urheberrechtsgesetz, § 1 Anm. 3; Fromm/Nordemann, Kommentar zum Urheberrechtsgesetz, § 51 Rdnr. 6; Heyse/Paukens, Medienbedarf und Urheberrecht, Berlin 1981

Jedoch ist im Einzelfall zu überprüfen, ob die Filme die Erfordernisse eines Werkes gem. § 2 UrhG erfüllen. Denn im Urheberrechtsgesetz ist der Schutz von Filmen entsprechend dem Schöpfungsgrad ihres Inhalts unterschiedlich ausgestaltet. Unter dem urheberrechtlich neutralen Oberbegriff „Film“ wird zwischen „Filmwerken“ (§ 2 Abs. 1 Nr. 6 UrhG) und sog. „Laufbildern“ (§ 95 UrhG) unterschieden.
Laufbilder sind Bildfolgen sowie Bild- und Tonfolgen, die ohne jede eigenschöpferische Gestaltung lediglich vorgegebene Gegenstände oder Abläufe (z. B. Naturereignisse wie Vogelflug, Tiere bei der Nahrungsaufnahme etc.) wiedergeben. Solche Fil-

me werden nicht im eigentlichen Sinne urheberrechtlich geschützt. Der Hersteller kann lediglich sog. verwandte Schutzrechte (auch Leistungsschutzrechte) geltend machen.

Ein Film, der sich auf das Abbilden der naturgegebenen Wirklichkeit beschränkt, kann jedoch auch zu den auf persönlich geistiger Schöpfung beruhenden Filmwerken gehören, die gem. § 2 Abs. 1 Nr. 6 UrhG geschützt werden. Dann darf er sich nicht in der bloßen schematischen Aneinanderreihung von Lichtbildern erschöpfen, sondern muß durch Auswahl und Art der Zusammenstellung der einzelnen Bildfolgen ein Ergebnis individuellen, geistigen Schaffens darstellen. Denn geistige Leistung, die zu einem Werk im urheberrechtlichen Sinne führt, kann in der Formgebung oder im Inhalt eines Werkes, in der Offenbarung von Sachkenntnis oder in der Sammlung, Auswahl und Gliederung des Stoffes zum Ausdruck kommen.

BGHZ 9, 262 (268); 37, 1 (6f., 10); BGH GRUR 1960, 609 (612 rSp), 1963, 41; Ulmer, Urheber- und Verlagsrecht, 3. Aufl. 1980 (in weiteren zit.: Ulmer, Urheberrecht), S. 126, 155, 535ff.; Hubmann, Urheber- und Verlagsrecht, 5. Aufl. 1984 (im weiteren zit.: Hubmann, Urheberrecht), S. 110; Fromm/Nordemann, § 2 UrhG, Rdnr. 15; v. Gamm, Kommentar zum Urheberrechtsgesetz, München 1968, § 95 Rdnr. 2; Möhring/Nicolini, § 2 UrhG, Anm. 8; § 88 UrhG, Anm. 5c

Die vom IWF angebotenen Hochschulunterrichtsfilme sind regelmäßig unter methodischen und didaktischen Gesichtspunkten konzipiert und stellen daher Filmwerke im Sinne des Urheberrechtsgesetzes dar. Dies gilt auch für die meisten Forschungs- und Dokumentationsfilme. Es kann aber nicht ausgeschlossen werden, daß einige der Dokumentationsfilme und der Filmeinheiten für die Encyclopaedia Cinematographica, evtl. auch einige der Forschungsfilme nur Laufbilder i. S. v. § 95 UrhG darstellen. Deshalb ist bei der Untersuchung der Rechte des IWF zwischen Filmwerken und Laufbildern zu unterscheiden.

II. Rechte des IWF an den angebotenen Filmwerken

Das IWF bietet sowohl angekaufte Filmwerke als auch vom IWF selbst hergestellte Filmwerke an (vgl. oben 1. Teil, B.II.). Die selbst produzierten Filmwerke stellen den weitaus größten Teil des Angebots dar.

1. Vom IWF hergestellte Filmwerke

Es ist zu klären, welche Rechte das IWF an den selbst hergestellten Filmwerken hat.

a. Urheberverwertungsrechte des IWF gem. § 15 UrhG

Das IWF könnte Urheber oder zumindest Miturheber der im Institut hergestellten Filme sein und damit Inhaber der Urheberverwertungsrechte gem. § 15 UrhG.

Das IWF ist als gemeinnützige GmbH gem. § 13 GmbHG eine juristische Person. Fraglich ist, ob eine juristische Person als solche Urheber eines Werkes sein kann. Urheber ist gem. § 7 UrhG der Schöpfer des Werkes. Werke im Sinne des Gesetzes sind gem. § 2 Abs. 2 UrhG nur persönlich geistige Schöpfungen. Der juristischen

Person als einer gedanklichen Fiktion werden vom Gesetzgeber zwar bestimmte Rechtsbefugnisse zugewiesen. Sie kann insbesondere materielle und immaterielle Güterrechte wie z. B. Patent- oder Nutzungsrechte erwerben. Die Entfaltung einer geistigen Tätigkeit, wie sie die Begründung eines Urheberrechts erfordert, ist ihr jedoch unmöglich. Aus dem auf naturrechtlichem Denken beruhenden Grundsatz der persönlich geistigen Schöpfung folgt, daß immer nur natürliche Personen Urheber sein können.

Ulmer, Urheberrecht, S. 183 aE; Hubmann, Urheberrecht, S. 119; v. Gamm, § 7 UrhG, Rdnr. 4; Fromm/Nordemann, § 7 UrhG, Rdnr. 1; Möhring/Nicolini, § 7 UrhG, Anm. 2b

Die frühen deutschen Urheberrechtsgesetze hatten noch für juristische Personen des öffentlichen Rechts Ausnahmen hinsichtlich der Urhebereigenschaft vorgesehen (vgl. §§ 3 LUG, 5 KUG). In der Literatur sind auch in jüngerer Zeit immer wieder Ausnahmen gefordert worden. Entsprechend der Regelung im US-Copyright Act von 1976 sollte bei abhängig geschaffenen Werken dem Arbeitgeber ein originäres Urheberrecht zustehen. Für in Teamarbeit erstellte sog. Gruppenwerke ist in Anlehnung an das französische UrhG von 1957 ein besonderes Schutzrecht des Organisators vorgeschlagen worden. Dadurch sollte auch juristischen Personen als Verwerter eine den Urhebern vorgehende Rechtsstellung eingeräumt werden. Der Referentenentwurf von 1954 für die Reform von 1966 sah in § 93 ein originäres Urheberrecht des Filmherstellers vor. Diese Vorschläge sind jedoch in das 1966 reformierte Urheberrechtsgesetz nicht eingeflossen. Im deutschen Urheberrecht werden solche, an die Verarbeitungsklausel des § 950 BGB erinnernden Regelungen aus Achtung vor der Person des geistig Schaffenden abgelehnt.

Ulmer, Urheberrecht, S. 184, 190; Hubmann, Urheberrecht, S. 119, 129, 171; v. Gamm, § 7 UrhG, Rdnr. 1; Runge, Das Gruppenwerk als Objekt urheberrechtlichen Schutzes, GRUR 1956, 407ff.; Reichel, Das Gruppenwerk im Urheberrecht, GRUR 1959, 172ff.; ders., Zur Problematik des Gruppenwerks und des Rechts der Arbeitnehmer im Verlag in der Urheberrechtsreform, GRUR 1960, 582ff.; Rehbinder, Das Gruppenwerk im Urheberrecht, UFITA 66 (1973), 125ff.

Das IWF als juristische Person hat daher keinerlei Urheberrechte an den hergestellten Filmwerken.

b. Exkurs; Umdeutung von sog. „Urheberklauseln"

Nicht selten findet sich in Produktionsvereinbarungen – insbesondere im Hochschulbereich – die Klausel, das Urheberrecht an den Filmaufnahmen stehe einem der Vertragspartner zu. Fraglich ist, welche Rechtswirkungen eine solche Vereinbarung hat.

Es könnte hierin eine Abrede hinsichtlich der Entstehung des Urheberrechts zu sehen sein. Das Urheberrecht entsteht jedoch durch die Schöpfung des Werkes als Realakt und ipso iure in der Person des Urhebers.

BGHZ 17, 266 (278); 27, 1 (7); Ulmer, Urheberrecht, S. 185; Fromm/Nordemann, § 7 UrhG, Rdnr. 3; v. Gamm, § 7 UrhG, Rdnr. 3 m.w.N.

Die Filme werden regelmäßig in Zusammenarbeit der Vertragspartner und meist unter wissenschaftlicher Leitung der beteiligten Wissenschaftler geschaffen. Es muß deshalb von einer eigenschöpferischen Tätigkeit des jeweiligen externen Wissenschaftlers ausgegangen werden, aufgrund deren er ein eigenes Urheberrecht an dem Filmwerk erwirbt. Eine gleichzeitige oder alternative Entstehung des Urheberrechts aufgrund dieses Schöpfungsbeitrags bei den anderen Produktionsbeteiligten ist ausgeschlossen, da die Werkschöpfung als Realakt keine rechtsgeschäftliche Handlung darstellt und eine Stellvertretung beim geistigen Schaffen undenkbar ist. Eine Abrede, die die Person des Urhebers festlegt, verstößt daher gegen das Urheberschaftsprinzip.

Ulmer, Urheberrecht, S. 185; Hubmann, Urheberrecht, S. 119ff.; Möhring/Nicolini, § 7 UrhG, Anm. 2b; v. Gamm, § 7 UrhG, Rdnr. 4 m.w.N.

Auch eine Auslegung des Vertrages nach dem Willen der Vertragsparteien und der Verkehrsitte gem. §§ 133, 157 BGB dahingehend, daß die Vertragsparteien das Urheberrecht übertragen wollten, führt nicht zu einer Wirksamkeit der Vereinbarung. Denn das Urheberrecht ist gem. § 29 UrhG unter Lebenden unübertragbar. Die Abrede über den Urheberrechtserwerb ist daher immer nichtig.
Die sog. Urheberklausel könnte jedoch in eine Übertragung der ausschließlichen Nutzungsrechte umzudeuten sein, wenn die hierfür erforderlichen Voraussetzungen des § 140 BGB erfüllt sind. Nach § 140 BGB gilt ein von der nichtigen Abrede erfaßtes Rechtsgeschäft, wenn anzunehmen ist, daß die Parteien dieses bei Kenntnis der Nichtigkeit der getroffenen Abrede vereinbart hätten. Durch eine solche Umdeutung soll der Wille der Vertragsparteien aufrecht erhalten werden.
In den hier zu untersuchenden Fällen müßte somit die Einräumung der ausschließlichen Nutzungsrechte als Ersatzgeschäft von dem vereinbarten (nichtigen) Urheberrechtserwerb erfaßt werden. Dies ist der Fall, wenn die Wirksamkeitserfordernisse des Ersatzgeschäfts erfüllt sind, im wesentlichen derselbe wirtschaftliche Erfolg erreicht wird und die rechtlichen Wirkungen des Ersatzgeschäfts nicht über jene der nichtigen Vereinbarung hinausreichen.

Vgl. nur Palandt-Heinrichs, Kommentar zum Bürgerlichen Gesetzbuch, 42. Aufl. 1983, § 140 Anm. 2; Brox, Allgemeiner Teil des Bürgerlichen Gesetzbuchs, 3. Aufl. 1979, Rdz. 317ff.

Der von den Vertragsparteien gewollte Erfolg, einem der Vertragspartner die Verwertung des Filmwerks zu ermöglichen, wird durch die Lizenzvergabe erreicht. Die Vergabe eines ausschließlichen Nutzungsrechts ist formlos möglich und wäre daher wirksam. Das ausschließliche Nutzungsrecht reicht in seinen rechtlichen Wirkungen auch nicht weiter als das Urheberrecht. Denn es erlaubt zwar eine Verwertung des Werkes sogar unter Ausschluß des Urhebers; dessen Urheberrecht bleibt jedoch bestehen und geht mit seinen persönlichkeitsrechtlichen Bestandteilen über das derivative Nutzungrecht hinaus.

Ulmer, Urheberrecht, S. 206f.; Hubmann, Urheberrecht, S. 202, 205ff.

Die Einräumung eines ausschließlichen Nutzungsrechts an den Filmwerken wird daher von einer nichtigen Vereinbarung über den Urheberrechtserwerb erfaßt.
Die Vergabe einer ausschließlichen Lizenz müßte auch dem hypothetischen Willen der Vertragsparteien entsprechen. Nach der Intention der Parteien soll einem der Vertragspartner die ausschließliche weitere Verwertung des Filmwerks überlassen

bleiben. Denn mit der sog. Urheberklausel ist die – rechtlich nicht zu verwirklichende – Einräumung der Urheberrechte des Wissenschaftlers an das jeweilige Institut beabsichtigt. Die Parteien hätten daher in Kenntnis der rechtlichen Unmöglichkeit einer Übertragung die Einräumung der ausschließlichen und unbeschränkten Nutzungsrechte vereinbart, weil eine solche Bestimmung der beabsichtigten Ermöglichung einer unbeschränkten Verwertung am nächsten kommt. Eine solche Vereinbarung entspräche schließlich auch dem Inhalt der gesetzlichen Vermutung gem. § 89 UrhG, die im Falle fehlender Abreden eingreift.
Somit sind die Urheberklauseln, wie sie häufiger in Vereinbarungen zwischen filmproduzierenden Einrichtungen und Wissenschaftlern im Hochschulbereich anzutreffen sind, in die Einräumung ausschließlicher und unbeschränkter Nutzungsrechte umzudeuten.

c. Nutzungsrechte des IWF gem. §§ 31 ff. UrhG

Das IWF ist, wie oben dargestellt, nicht Inhaber der Urheberrechte an den eigenproduzierten Filmwerken. Das IWF könnte jedoch von den Urhebern der Filmwerke gem. §§ 31 ff. UrhG die Nutzungsrechte zur Vervielfältigung und Vorführung der verliehenen Filme erworben haben, die durch die Herstellung und Vorführung der Videokopien in den Universitäten möglicherweise verletzt werden.
Das Nutzungsrecht stimmt mit einem Ausschnitt des Urheberrechts, nämlich der eingeräumten Verwertungsbefugnis, überein. Es entsteht als Tochterrecht mit der Einräumung durch den Urheber, dessen Mutterrecht – mit dieser Nutzungsbefugnis des Erwerbers gleichsam belastet – weiterbesteht. Der Vorgang kann mit der konstitutiven Bestellung beschränkt dinglicher Rechte im Sachenrecht (z. B. Nießbrauch) verglichen werden.
Ein ausschließliches Nutzungsrecht (auch ausschließliche Lizenz genannt) liegt vor, wenn der Erwerber berechtigt ist, das Werk unter Ausschluß aller anderen Personen einschließlich des Urhebers auf die ihm erlaubte Art zu nutzen und selbst einfache Nutzungsrechte (einfache Lizenzen) zu vergeben, § 31 Abs. 3 UrhG. Die ausschließliche Lizenz umfaßt daher nicht nur die positive Nutzungsbefugnis, sondern auch das Abwehrrecht, jedem Dritten – auch dem Urheber – die Nutzung des Werkes zu verbieten. Hiermit ist eine eigene Klagebefugnis des ausschließlich Nutzungsberechtigten verbunden, seine Rechte nach den §§ 97 ff. UrhG durchzusetzen.
Die einfache Lizenz hingegen erlaubt nur die Nutzung neben dem Urheber und anderen Berechtigten. Sie schließt das Abwehrrecht gegenüber Dritten nicht ein. Der Inhaber einer einfachen Lizenz ist daher auch nicht aktivlegitimiert.

Ulmer, Urheberrecht, S. 359, 367 ff., 543 f.; Hubmann, Urheberrecht, S. 206 f., 295; Fromm/Nordemann, § 31 UrhG, Rdnr. 1, § 97 UrhG, Rdnr. 3; v. Gamm, § 31 UrhG, Rdnr. 14, § 97 UrhG, Rdnr. 16

Der Inhaber einer einfachen Lizenz muß generell die Benutzung des Werkes durch Dritte dulden. Seine Rechte werden deshalb bei der Verwertung durch einen anderen, auch wenn diese unbefugt erfolgt, nicht berührt. Eine Verletzung der Rechte des IWF durch das Verhalten der Universitäten kommt somit nur hinsichtlich solcher Filmwerke in Betracht, an denen das IWF die ausschließlichen Nutzungsrechte erworben hat. Diese Rechte mußten ihr durch die Urheberberechtigten übertragen worden sein.

aa. Urheberberechtigte. Fraglich ist zunächst, wer als Urheberberechtigter dem IWF die Nutzungsbefugnis für die hergestellten Filme einräumen mußte.
Das Recht zur Vervielfältigung und Vorführung eines Filmwerkes erfordert die Rechtsübertragung durch alle Urheber, auf deren geistigen Schöpfungen das Werk unmittelbar und mittelbar beruht. Hierbei wird zwischen den Filmurhebern (z. B. Regisseur, je nach Beitrag auch Kameraleute, Cutter, Zeichner etc.) und den Urhebern der benutzten Werke (z. B. Drehbuchautor, Komponist der Filmmusik) unterschieden.
Bei der Herstellung der Filme des IWF wirken sowohl externe Wissenschaftler als auch Mitarbeiter des IWF mit. Hierzu gehören Fachreferenten, Kameraleute, Zeichner (bei Trickaufnahmen), Cutter und anderes technisches Personal.
In der Literatur ist im einzelnen umstritten, wer von den an einer Filmproduktion Beteiligten einen ausreichenden schöpferischen Beitrag leistet, um ein Urheberrecht am Filmwerk zu erwerben. Teilweise wird vorgeschlagen, die jeweiligen Beiträge im Einzelfall zu werten (Fall-Methodik), teilweise möchte man die Einteilung nach generalisierenden und typisierenden Kriterien an der Berufskategorie (Kameramann, Cutter, Beleuchter etc.) ausrichten (Kategorien-Methodik).

Ulmer, Urheberrecht, S. 200ff.; Hubmann, Urheberrecht, S. 107ff.; Möhring/Nicolini, § 2 UrhG, Anm. 8a; Bohr, Die Urheberrechtsbeziehungen der an der Filmherstellung Beteiligten, Berlin 1978, S. 42ff.

Die Frage, wer von den jeweils Beteiligten infolge eines eigenschöpferischen Beitrages Urheberrechte erworben hat, kann hier jedoch offen bleiben, wenn dem IWF von allen in Betracht kommenden Personen die ausschließlichen Nutzungsrechte eingeräumt wurden.

bb. Übertragung der Nutzungsrechte durch Urheberberechtigte. *(1) Mitarbeiter des IWF:* Das IWF trifft im Anstellungsvertrag unter § 5 mit allen Mitarbeitern des Instituts eine Vereinbarung, wonach der Angestellte dem IWF an allen hergestellten, urheberrechtlich geschützten Werken das ausschließliche Nutzungsrecht für alle bekannten Nutzungsarten ohne räumliche und zeitliche Einschränkung überträgt (vgl. 1. Teil, B.II.). Der letzte Satz unter § 5 „Dies gilt nicht für Veröffentlichungen" soll sich dem Zusammenhang nach nicht auf das Veröffentlichungsrecht gem. § 12 UrhG oder das Verbreitungsrecht gem. §§ 15 Abs. 1 Nr. 3, 17 UrhG beziehen. Offensichtlich ist hiermit – wie sich aus der Stellung zum nachfolgenden § 6 des Vertrages ergibt – der Ausschluß von Nutzungsrechten an solchen Werken gemeint, die vom Angestellten eigenverantwortlich veröffentlicht werden.
Die Einräumung von Nutzungsrechten an zukünftigen Werken bedarf gem. § 40 Abs. 1 UrhG der Schriftform, die mit der Vereinbarung im Arbeitsvertrag hier eingehalten wurde. Die Vorauseinräumung ist bei abhängig beschäftigten Arbeitnehmern auch zulässig und üblich.

Vgl. nur Ulmer, Urheberrecht, S. 184, 400ff.; Fromm/Nordemann, § 43 UrhG, Rdnr. 3

Somit ist das IWF Inhaber der ausschließlichen Nutzungsrechte an allen hergestellten Filmwerken, soweit es die Urheberberechtigungen der Mitarbeiter des IWF betrifft.

(2) Externe Wissenschaftler: Die Vereinbarungen mit den beteiligten externen Wissenschaftlern sind nach Filmart und Ausgangslage unterschiedlich.
Bei *eigenproduzierten Filmen* und bei allen Filmen, die unter Verwendung von Fremdmaterial hergestellt werden, läßt sich das IWF die ausschließlichen Nutzungsrechte räumlich und zeitlich unbeschränkt für alle Verfahren der Kinomatographie und der Videotechnik einräumen. Die Beschränkung auf nicht-gewerbliche Nutzung und der Ausschluß des Senderechts bei Filmen mit Fremdmaterial können hier außer Betracht bleiben.
Somit haben alle Wissenschaftler, die bei der Filmherstellung mitwirken, dem IWF die ausschließlichen Nutzungsrechte eingeräumt. Da dies – wie dargestellt – ebenso für alle Mitarbeiter des Instituts gilt, kann eine Prüfung der jeweiligen Beiträge auf ihren urheberrechtsbegründenden Gehalt unterbleiben.
Von allen bei der Produktion Beteiligten sind dem IWF an allen hergestellten Filmen die ausschließlichen Rechte für die hier zu beurteilende Nutzung im nicht-gewerblichen Bildungsbereich (z. T. ausschließlich der Senderechte) eingeräumt worden. Zu diesen Befugnissen gehört auch das ausschließliche Recht zur Vervielfältigung und Vorführung der Werke.

d. Leistungsschutzrecht des IWF als Filmhersteller gem. § 94 UrhG

Das IWF könnte auch ein Leistungsschutzrecht gem. § 94 UrhG haben.
Das in § 94 UrhG festgelegte Recht des Filmherstellers wächst diesem originär zu und gibt ihm das ausschließliche Recht am Filmträger auf Vervielfältigung, Verbreitung, öffentliche Vorführung und Funksendung. Es erlischt gem. § 94 Abs. 2 UrhG 25 Jahre nach dem Erscheinen des Bildträgers bzw. des Bild- und Tonträgers. Mit diesem Recht soll die wirtschaftliche Leistung des Filmherstellers gesichert werden. Er benötigt zwar für eine Verwertung immer auch die Nutzungsrechte der beteiligten Urheber, kann aber mit seinem Leistungsschutzrecht eine von ihm nicht genehmigte Nutzung durch Urheber oder andere Dritte verhindern.

Ulmer, Urheberrecht, S. 204f, 535ff.; v. Hartlieb, Handbuch des Film-, Fernseh- und Videorechts, 2. Aufl. 1984, Kap. 61, Rdz. 1ff.; Fromm/Nordemann, § 94 UrhG, Rdnr. 6; Bohr, Die Urheberrechtsbeziehungen der an der Filmherstellung Beteiligten, Berlin 1978, S. 109ff.

Ein Leistungsschutzrecht des IWF setzt voraus, daß das Institut Filmhersteller im Sinne des Gesetzes ist. Filmhersteller gem. § 94 UrhG ist die physische oder juristische Person, die als letzte entscheidende Instanz die organisatorischen, wirtschaftlichen, finanziellen, künstlerischen und rechtlichen Aufgaben bei der Durchführung des Filmvorhabens wahrnimmt.

v. Hartlieb, Filmrecht, Kap. 59, Rdz. 10; Fromm/Nordemann, § 94 UrhG, Rdnr. 6

Dem IWF obliegt die Entscheidung, ob ein Filmvorhaben durchgeführt wird oder nicht (vgl. 1. Teil, B.II.). Im Falle der Durchführung ist das Institut für Kalkulation und Finanzierung des Vorhabens verantwortlich. Der überwiegende Teil der künstlerischen und technischen Aufgaben wie die Ausarbeitung des Aufnahmeplans, Kameraarbeiten, Schnitt, Vertonung, Trickaufnahmen usw. werden im Institut ausgeführt. Das IWF ist daher hinsichtlich der eigenproduzierten Filme Hersteller i. S. d. § 94 UrhG und folglich Inhaber des Leistungsschutzrechts am

Filmträger. Dieses Recht würde durch eine unbefugte Vervielfältigung und Vorführung der Filme verletzt.

2. *Angekaufte Filmwerke*

Das IWF bietet auch fremde, vornehmlich ausländische Filme an, die für den Verleih erworben werden, wenn ihr Inhalt für den hiesigen Bildungsbereich von allgemeinem Interesse ist. An diesen Filmen läßt sich das IWF regelmäßig nur das einfache Nutzungsrecht für den Verleih einräumen (vgl. 1. Teil, B.II.3.).
Die Rechte der Inhaber einfacher Lizenzen werden auch durch eine unbefugte Nutzung Dritter nicht verletzt (vgl. A.II.1.b.). Unabhängig von der Frage, ob das Vorgehen der Universitäten zulässig ist, kommt daher eine Verletzung der Rechte des IWF hinsichtlich der angekauften Filme nicht in Betracht.

III. Rechte des IWF an den angebotenen Laufbildern

Soweit die angebotenen Filme mangels eigenschöpferischer Gestaltung keine Filmwerke sondern nur Laufbilder darstellen (vgl. A.I.), können an ihnen keine Urheberrechte und folglich auch keine Nutzungsrechte bestehen. Bei Laufbildern bleibt der filmrechtliche Schutz auf das Leistungsschutzrecht des Filmherstellers gem. §§ 95, 94 UrhG beschränkt.

Ulmer, Urheberrecht, S. 533f.; Fromm/Nordemann, § 95 UrhG, Rdnr. 1

Hinsichtlich der *selbst produzierten Laufbilder* kann das IWF als Hersteller somit ein ausschließliches Leistungsschutzrecht mit dem oben dargestellten Inhalt (vgl. A.II.1.c.) geltend machen.
Für die *angekauften Laufbilder* besteht nur eine Nutzungsbewilligung des fremden Herstellers, die bei einer Verwertung des Werkes durch Dritte nicht verletzt wird.

IV. Zusammenfassung

Das IWF hat an allen selbst hergestellten Filmwerken eine ausschließliche Lizenz, die das ausschließliche Vervielfältigungs- und Vorführrecht beinhaltet. An den im Institut produzierten Laufbildern besteht ein Leistungsschutzrecht, mit dessen Ausübung das IWF jedem Dritten eine nicht genehmigte Vervielfältigung oder Vorführung untersagen kann.
Hinsichtlich der angekauften Filme (Filmwerke und Laufbilder) hat das IWF keine ausschließlichen Vervielfältigungs- und Vorführungsrechte oder entsprechende Schutzrechte, die durch eine unbefugte Nutzung verletzt werden könnten.

B. Verletzung der Vervielfältigungs- und Vorführungsrechte des IWF aus § 15 Abs. 1 Nr. 1, 15 Abs. 2 Nr. 1 i. V. m. §§ 31 ff. UrhG durch die Anfertigung der Videokopien und deren Verwendung

Die Universitäten könnten durch die Herstellung der Videokopien die Vervielfältigungsrechte des IWF verletzt haben.

I. Grundsatz der genehmigungspflichtigen Werksverfielfältigung (§ 15 Abs. 1 Nr. 1 i. V. m. §§ 31ff. UrhG)

Vervielfältigung ist gem. § 16 UrhG die Herstellung einer oder mehrerer Festlegungen, die geeignet sind, das Werk den menschlichen Sinnen auf irgendeine Weise wiederholt unmittelbar oder mittelbar wahrnehmbar zu machen. § 16 Abs. 2 UrhG stellt noch einmal ausdrücklich fest, daß auch die Übertragung des Werkes von einem Bild- und Tonträger auf einen anderen eine Vervielfältigung darstellt.

Vgl. zum Begriff der Vervielfältigung: BGHZ 17, 266 (270); Fromm/Nordemann, § 16 UrhG, Rdnr. 1; Möhring/Nicolini, § 16 UrhG, Anm. 2; Hubmann, Urheberrecht, S. 142; Constantin, Die Vervielfältigung zum persönlichen Gebrauch nach dem neuen deutschen Urheberrechtsgesetz, Diss. München 1968, S. 6f.

In den Universitäten wurden die entliehenen Filme, die sich auf den entliehenen Filmbändern und Videokassetten befanden, durch Überspielen auf eine andere Videokassette kopiert. Die Universitäten haben die beim IWF entliehenen Filme folglich vervielfältigt.

Die Vervielfältigung von Filmwerken ist grundsätzlich nur mit der Einwilligung der Urheber, bzw. des Inhabers der ausschließlichen Nutzungsrechte zulässig. Zusätzlich muß ggfs. die Zustimmung des Filmherstellers eingeholt werden (vgl. § 94 UrhG bei Filmwerken, §§ 95, 94 UrhG bei Laufbildern).

Im vorliegenden Fall ist das IWF Filmhersteller und zugleich Inhaber der ausschließlichen Nutzungsrechte hinsichtlich der Vervielfältigung der verliehenen Filme. Eine Vervielfältigung dieser Filme bedarf daher grundsätzlich der Zustimmung des IWF. Eine solche Zustimmung ist den Universitäten nicht erteilt worden. Vielmehr hat das IWF die Universitäten darauf hingewiesen, daß die Kopien seiner Ansicht nach widerrechtlich hergestellt wurden und dementsprechend zu vernichten seien. Damit wurde auch eine Genehmigung seitens des IWF verweigert.

Die Zustimmung des IWF als ausschließlich Nutzungsberechtigter und Filmhersteller könnte im vorliegenden Fall jedoch entbehrlich sein. Denn das Vervielfältigungsrecht des Urhebers und damit auch das hiervon abgeleitete Nutzungsrecht werden ebenso wie das Recht des Filmherstellers durch die Regelungen der Vervielfältigung zum persönlichen und sonstigen eigenen Gebrauch gem. §§ 53, 54 UrhG eingeschränkt.

§ 53 UrhG erlaubt die Herstellung einzelner Vervielfältigungsexemplare auch ohne die Zustimmung des Berechtigten, sofern diese nur zum persönlichen Gebrauch, d. h. in der privaten Sphäre verwandt werden.

§ 54 UrhG gestattet in bestimmten Fällen die Vervielfältigung eines Werkes „zum sonstigen eigenen Gebrauch", nämlich u. a.

„1. zum eigenen wissenschaftlichen Gebrauch, wenn und soweit die Vervielfältigung zu diesem Zweck geboten ist,
2. zur Aufnahme in ein eigenes Archiv, wenn und soweit die Vervielfältigung zu diesem Zweck geboten ist und als Vorlage für die Vervielfältigung ein eigenes Werkstück benutzt wird". (§ 54 Abs. 1 UrhG).

„Dient die Vervielfältigung gewerblichen Zwecken des zur Vervielfältigung Befugten, so hat er dem Urheber hierfür eine angemessene Vergütung zu zahlen" (§ 54 Abs. 2 UrhG).
„Die Vervielfältigungsstücke dürfen weder verbreitet noch zu öffentlichen Wiedergaben benutzt werden" (§ 54 Abs. 3 i. V. m. § 53 Abs. 3 UrhG).
Die Beschränkungen des Vervielfältigungsrechts, die gem. §§ 53, 54 UrhG zu Lasten der Urheber und Nutzungsrechtsinhaber ausgesprochen werden, räumen – positiv gesehen – im gleichen Umfang eine gesetzliche Nutzungsbefugnis zugunsten der Allgemeinheit ein.
Es ist zu prüfen, ob diese Beschränkungen im vorliegenden Fall zugunsten der Universitäten und des wissenschaftlichen Personals eingreifen und daher die Herstellung der Videokopien auch ohne die Zustimmung des IWF kraft gesetzlicher Befugnis zulässig ist.

II. Genehmigungsfreie Vervielfältigung zum persönlichen Gebrauch gem. § 53 Abs. 1 UrhG

Die Herstellung der Videokopien in den Universitäten wäre gem. § 53 I UrhG zulässig, wenn diese für den persönlichen Gebrauch angefertigt wurden. Da Anlaß und weitere Verwendung der Kopien nicht bekannt sind, muß zwischen einer möglichen Vervielfältigung für die Hochschule als juristischer Person des öffentlichen Rechts einerseits und einer Vervielfältigung für das wissenschaftliche Personal der Hochschule andererseits unterschieden werden.

1. Herstellung der Videokopien für die Hochschule

Persönlicher Gebrauch i. S. v. § 53 UrhG liegt vor, wenn derjenige, der die Vervielfältigung veranlaßt, sie für sich selbst oder nahestehende, mit ihm persönlich eng verbundene Personen verwenden will.

Vgl. nur Ulmer, Urheberrecht, S. 299; Fromm/Nordemann, § 53 UrhG, Rdnr. 5; v. Gamm, § 53 UrhG, Rdnr. 10; Constantin, S. 19; v. Hartlieb, S. 144

a. Anwendbarkeit des § 53 UrhG auf juristische Personen

Fraglich ist, ob eine juristische Person ein Werk in diesem Sinne gebrauchen kann. Aus dem Gesetz ergibt sich hierzu kein Hinweis. Für die Beantwortung der Frage, ob § 53 UrhG auf juristische Personen angewendet werden kann, sind daher Sinn und Zweck der Norm, wie sie sich aus ihrer Entstehungsgeschichte ergeben, zu untersuchen.

aa. Historische Entwicklung der Norm. Der Gesetzgeber von 1901 hatte in § 15 Abs. 2 Lichturhebergesetz (LUG) die freie Vervielfältigung „zum persönlichen Gebrauch", in § 18 Abs. 1 Kunsturhebergesetz (KUG) die Vervielfältigung „zum eigenen Gebrauch" zugelassen. Diese Regelungen gingen von dem Gedanken aus, daß der private Bereich von Ansprüchen des Urhebers freibleiben müsse.
Der BGH hingegen vertrat in seiner Magnettonband-Entscheidung aus dem Jahre 1955 die Ansicht, daß § 15 Abs. 2 LUG als echte Ausnahmebestimmung eng auszulegen sei und das Urheberrecht nicht vor der privaten Sphäre des einzelnen Benutzers ende. Infolge der fortschreitenden Entwicklung moderner Vervielfältigungstechniken verlagere sich der Vervielfältigungsvorgang von Tonaufnahmen aus dem gewerblichen in den privaten Sektor. Dem Urheber gebühre auch für die Nutzung in diesem Bereich eine Vergütung.
Es zeigte sich in der Folge, daß die Durchsetzung dieses Vergütungsanspruchs beim privaten Nutzer erhebliche Schwierigkeiten bereitete. In seiner Personalausweis-Entscheidung von 1964 lehnte der BGH aber eine Pflicht des Käufers, beim Erwerb des Tonbandgeräts seinen Ausweis zwecks Feststellung der Personalien vorzulegen, ab. Er befürchtete unangemessene Eingriffe in die geschützte Privatsphäre der Gerätebenutzer. In seiner Argumentation ging er damit von den Verhältnissen natürlicher Personen als Werkbenutzer aus.
Da der BGH die erheblichen Schwierigkeiten bei der praktischen Durchsetzung der Urheberrechte im privaten Bereich erkannte, verwies er auf die Möglichkeit, den Gerätehersteller als Verursacher der Urheberrechtsverletzung in Anspruch zu nehmen. Die Reform des Urheberrechts orientierte sich bei der Regelung des Vervielfältigungsrechts zum persönlichen Gebrauch in § 54 des Entwurfs von 1962 (heute § 53 UrhG) an diesen höchstrichterlichen Erwägungen. Der Gesetzgeber ließ die Vervielfältigung zur Verwendung im nicht kontrollierbaren persönlichen Bereich uneingeschränkt zu und sah zum Ausgleich einen Vergütungsanspruch der betroffenen Urheber gegen die Hersteller von Aufzeichnungsgeräten vor.

BGHZ 17, 266 (Magnettonband); BGH LM § 15 LUG Nr. 5 (Werbung für Tonbandgeräte); BGHZ 42, 118 (Personalausweise); Entwurf eines Gesetzes über Urheberrecht und verwandte Schutzrechte, BT-Drucks. IV/270 vom 23. März 1962; vgl. zur Entwicklung der Vorschrift Ulmer, Urheberrecht, S. 296ff.; Möhring/Nicolini, § 53 UrhG, Anm. 1a; Fromm/Nordemann, § 53 UrhG, Rdnr. 2; Dietz, Ton- und Bildaufnahmen sowie Fotokopie (reprographische Vervielfältigung) zum eigenen Gebrauch in Recht und Praxis der Bundesrepublik Deutschland, GRUR 1978, 457 (458ff.)

bb. Reformvorhaben. Der nunmehr im Gesetzgebungsverfahren befindliche Regierungsentwurf zur Reform des Urheberrechtsgesetzes wurde im wesentlichen durch die zunehmende Praxis der reprographischen Vervielfältigung ausgelöst. Der vorliegende Entwurf der Bundesregierung behält die Systematik der materiellen Regelung bei und respektiert die Unverletzlichkeit des privaten Bereichs. Der Entwurf berücksichtigt aber andererseits die wirtschaftliche Beeinträchtigung der Urheberrechte, die insbesondere mit der Vervielfältigung von Werken durch die Aufnahme auf Bild- und Tonträger im privaten Bereich ständig zunimmt und schlägt deshalb neben der bestehenden Geräteabgabe auch eine Urhebergebühr für die Bild- und Tonträger vor.

Vgl. Entwurf eines Gesetzes zur Änderung von Vorschriften auf dem Gebiet des Urheberrechts, Gesetzentwurf der Bundesregierung, BR-Drucks. 370/82 v. 17. Sept. 1982; Ulmer, Urheberrecht, S. 307ff., 580ff.; Kolle/Katzenberger/Peter, Reprographische Vervielfältigung und Urheberrecht, GRUR 1975, 468 ff.; Krieger, Auf dem Weg zur zweiten Urheberrechtsnovelle, GRUR 1980, 541

cc. **Persönlicher Gebrauch und juristische Personen.** Wie die vorstehende Untersuchung zeigt, ist die Regelung des § 53 UrhG maßgeblich an den besonderen Problemen ausgerichtet, die sich aus der Werknutzung im persönlichkeitsrechtlich geschützten Privatbereich des Benutzers ergeben. Kontrollmaßnahmen innerhalb der persönlichen, häuslichen Sphäre zur Durchsetzung des urheberrechtlichen Vergütungsanspruchs würden unangemessene Eingriffe in die Privatsphäre darstellen. Diese Probleme stellen sich bei einer juristischen Person nicht in gleicher Weise. So sind etwa die in Art. 2 Abs. 1 Grundgesetz enthaltenen Rechte auf Freiheit der personalen Eigensphäre nach herrschender Meinung nur für natürliche Personen anwendbar. Jedenfalls kann die Kopiertätigkeit einer juristischen Person kontrolliert werden, ohne daß in eine geschützte Privatsphäre eingegriffen werden muß.

Vgl. BGHZ 42, 117 (131 f.); Dürig, in: Maunz-Dürig, Kommentar zum Grundgesetz, Art. 2 Abs. 1 Rdnr. 69; Collovà, Reproduction sonore et visuelle pour l'usage personnel, Schriftenreihe der Intern. Gesellschaft für Urheberrecht, Bd. 57, Wien 1979

Schon aus diesen Überlegungen in Zusammenhang mit der Entstehungsgeschichte der Norm ergibt sich, daß die Regelung des § 53 UrhG die Befugnisse natürlicher Personen, nicht aber juristischer Personen zum Gegenstand hat. Darüber hinaus muß die rechtliche Konstruktion der juristischen Person beachtet werden. Ihr werden zwar als Verbandspersönlichkeit eigene Rechte zugewiesen. Die juristische Person ist aber kein Individuum im natürlichen Sinne und kann deshalb auch keine persönlichen Verhältnisse haben oder persönliche Beziehungen unterhalten. Eine juristische Person kann die Befugnis der Vervielfältigung zum persönlichen Gebrauch gem. § 53 UrhG daher nicht in Anspruch nehmen.

Fromm/Nordemann, § 53 UrhG, Rdnr. 5, Möhring/Nicolini, § 53 UrhG, Anm. 2a, aa; v. Gamm, § 53 UrhG, Rdnr. 10; Hübner/Ulmer, S. 103; Samson, Urheberrecht, München 1973, S. 172; Heyse/Paukens, Medienbedarf, S. 74; Constantin, S. 21; van Lengerich, Die Beschränkung des Urheberrechts durch das Recht zur fotomechanischen Vervielfältigung, Diss. Freiburg 1975, S. 103

b. Zwischenergebnis

Sofern die AVMZ der Hochschulen die Videokopien der beim IWF entliehenen Filme für die Hochschule als juristische Person angefertigt haben, können sie sich nicht auf das Recht der Vervielfältigung zum persönlichen Gebrauch gem. § 53 UrhG berufen.

2. Herstellung der Videokopien für das wissenschaftliche Personal

Die Universitäten könnten anführen, die AVMZ hätten die Filme zumindest teilweise im Auftrag eines Mitglieds des wissenschaftlichen Personals und nicht für die Hochschule als solche auf Videokassette überspielt. Fraglich ist, ob bei dieser Sachverhaltskonstellation die Ausnahme der Vervielfältigung zum persönlichen Gebrauch gem. § 53 UrhG eingreift und die Herstellung der Videokopien dann auch ohne Zustimmung des IWF zulässig ist.

a. Zulässigkeit der Vervielfältigung durch Dritte

Eine Vervielfältigung, die gem. § 53 UrhG zulässig ist, kann im Auftrage des Berechtigten auch von einem Dritten vorgenommen werden. Im Falle der Übertragung des geschützten Werkes von einem Bild- und Tonträger auf einen anderen muß die Vervielfältigung allerdings unentgeltlich erfolgen (§ 53 Abs. 2 UrhG).

Da die AVMZ für Hochschulmitglieder gebührenfrei kopieren, würde die Tatsache, daß nicht der Wissenschaftler selbst, sondern das AVMZ das Werk vervielfältigte, eine Berechtigung nach § 53 UrhG nicht ausschließen.

b. Forschung und Lehre als persönlicher Gebrauch i. S. v. § 53 UrhG

Fraglich ist jedoch, ob für den einzelnen Wissenschaftler ein persönlicher Gebrauch vorliegt, wenn er für seine Forschungs- und Lehrtätigkeit urheberrechtlich geschützte Werke vervielfältigen läßt.

Der Begriff des persönlichen Gebrauchs ist umstritten. Nach einigen Autoren erfaßt er nur die Verwendung innerhalb der privaten („häuslichen") Sphäre. Wesentlich sei der persönliche Genuß des Werkes. Nach anderer Meinung soll darüber hinaus jede Verwendung für einen außerberuflichen und nicht auf Erwerb gerichteten Zweck zum persönlichen Gebrauch zählen. Nach allen vertretenen Ansichten fällt aber der berufliche Gebrauch nicht unter § 53 UrhG. Dies ergibt sich auch schon aus der Tatsache, daß mit der Vorschrift lediglich eine Werknutzung in der geschützten und nicht kontrollierbaren Privatsphäre privilegiert werden soll (vgl. B.II.1.a.).

Möhring/Nicolini, § 53 UrhG, Anm. 2a, bb; Fromm/Nordemann, § 53 UrhG, Rdnr. 5; v. Gamm, § 53 UrhG, Rdnrn. 1, 10; Hubmann, Urheberrecht, S. 175; Hübner/Ulmer, S. 104; Constantin, S. 22; Heyse/Paukens, S. 74; v. Hartlieb, S. 144

Videokopien, die die hochschulinternen AVMZ im Auftrag eines Wissenschaftlers herstellen, sollen dessen Forschungs- und Lehrtätigkeit im Rahmen der Hochschularbeit fördern. Die Forschungs- und Dokumentationsfilme ermöglichen, daß die zu erforschenden Vorgänge ständig filmisch verfügbar sind. Den Lehrfilmen kann der Wissenschaftler methodische und didaktische Anregungen für seine Lehrveranstaltungen entnehmen. Schließlich werden die Videokopien auch in den Veranstaltungen selbst vorgeführt. Dieser Gebrauch steht in unmittelbarem Zusammenhang mit dem Anstellungsverhältnis des Wissenschaftlers und dessen Berufsausübung. Die Kopien sind daher für eine Verwendung im beruflichen Bereich bestimmt, der nicht unter § 53 UrhG fällt.

Die AVMZ der Hochschulen können deshalb auch für Vervielfältigungen, die sie im Auftrag des wissenschaftlichen Personals vornehmen, nicht das Recht der Vervielfältigung zum persönlichen Gebrauch gem. § 53 UrhG in Anspruch nehmen.

3. Ergebnis zu II.

Die AVMZ der Universitäten können sich auf die Ausnahmebefugnis der Vervielfältigung zum persönlichen Gebrauch weder bei der Kopiertätigkeit für die Hochschule noch bei der Herstellung von Kopien im Auftrag des wissenschaftlichen Personals berufen. § 53 UrhG entbindet die AVMZ daher im vorliegenden Fall nicht von der

Notwendigkeit, vor der Herstellung der Videokopien von institutseigenen Filmen die Zustimmung des IWF einzuholen.

III. Genehmigungsfreie Vervielfältigung zum eigenen wissenschaftlichen Gebrauch gem. § 54 Abs. 1 UrhG

Eine Befugnis zur genehmigungsfreien Herstellung der Videokopien durch die AVMZ könnte sich jedoch aus § 54 Abs. 1 UrhG ergeben. Danach ist eine Vervielfältigung zum eigenen wissenschaftlichen Gebrauch gestattet, soweit sie zu diesem Zweck geboten ist. Auch hier muß wieder zwischen dem Gebrauch der Hochschule und dem des wissenschaftlichen Personals unterschieden werden.

1. Herstellung der Videokopien für die Hochschule

a. Anwendbarkeit des § 54 UrhG auf juristische Personen
Eine Befugnis aus § 54 UrhG setzt zunächst voraus, daß § 54 UrhG – im Unterschied zu § 53 UrhG – auch auf juristische Personen Anwendung findet. Auch hierzu findet sich kein Hinweis im Gesetz, so daß wieder ein kurzer Rekurs auf Sinn und Zweck der Norm, wie sie sich aus der Entstehungsgeschichte ergeben, notwendig wird.

aa. Entstehungsgeschichte der Norm. Die Regelung der Vervielfältigung zum sonstigen eigenen Gebrauch in § 54 UrhG (§ 55 des Entwurfs) beruht wesentlich auf der sog. Fotokopie-Entscheidung des BGH von 1965 zum damals noch geltenden LUG. In dem Rechtsstreit ging es um Fotokopien von Abhandlungen aus wissenschaftlichen Zeitschriften, die in einem industriellen Unternehmen für den Gebrauch der Sachbearbeiter hergestellt worden waren. Der BGH stellte fest, daß die Vervielfältigung zu gewerblichen Zwecken nicht unter den persönlichen Gebrauch i. S. v. § 15 Abs. 2 LUG falle und daher ohne Genehmigung des Urhebers unzulässig sei. Gleichzeitig betonte das Gericht aber, daß der wirtschaftliche Sinn der Entscheidung nicht darin liege, die Anfertigung von Fotokopien zu gewerblichen Zwecken grundsätzlich zu unterbinden. Vielmehr sollten derartige Vervielfältigungen von einer Vergütung an den Urheber abhängig sein.
Der Gesetzgeber griff diesen Vorschlag ebenfalls auf und erklärte die Vervielfältigung für bestimmte privilegierte Zwecke auch ohne Genehmigung des Urhebers – bei gewerblicher Nutzung gegen Zahlung einer Vergütung – für zulässig. Damit sollte laut Begründung über das damals geltende Recht hinaus der Vervielfältigungspraxis in Wirtschaft und Wissenschaft Rechnung getragen werden, um Hemmungen in diesen Bereichen zu vermeiden.

BHGZ 42, 118 (Personalausweise); Entwurf eines Gesetzes über Urheberrecht und verwandte Schutzrechte, BT-Drucks. IV/270 v. 23. März 1962; Dietz, GRUR 1978, 457 (458ff.); Krieger, GRUR 1980, 541f.

bb. Reformvorhaben. Der inzwischen im Bundestag eingebrachte Reformentwurf läßt auch diese Regelung grundsätzlich unverändert. Angesichts des Umfangs, den die Kopierpraxis nunmehr aber erreicht hat, soll für jede reprographische Kopie eine Gebühr erhoben werden. Darüber hinaus ist vorgesehen, den Vergütungsanspruch der Urheber gegen die Hersteller von Geräten und Bild- und Tonträgern generell auch auf alle Vervielfältigungen zum sonstigen eigenen Gebrauch zu erstrecken.

Gesetzentwurf der Bundesregierung BR-Drucks. Nr. 370/82 v. 17. September 1982; Krieger, GRUR 1980, 541 (542ff.)

cc. Sonstiger eigener Gebrauch gem. § 54 UrhG und juristische Personen. Die Vervielfältigungsfreiheit zum sonstigen eigenen Gebrauch gem. § 54 UrhG soll insbesondere den Bereichen der Wirtschaft und der Wissenschaft zugute kommen. Die Einführung eines Vergütungsanspruchs bei Vervielfältigungen zu gewerblichen Zwekken gegen den Benutzer selbst zeigt, daß Fragen der geschützten Privatsphäre – anders als bei § 53 UrhG – keine entscheidende Rolle spielten. Die beabsichtigte Förderung des Wirtschaftslebens setzt angesichts der zahlreichen juristischen Personen, die in diesem Bereich anzutreffen sind, notwendig eine Anwendung des § 54 UrhG auf juristische Personen voraus. Dies gilt auch für den Wissenschaftsbereich. Deshalb findet § 54 UrhG nach Sinn und Zweck der Norm und der Intention des Gesetzgebers auch auf juristische Personen Anwendung.

BGH NJW 78, 2596; Fromm/Nordemann, § 54 UrhG, Rdnr. 4; Möhring/Nicolini, § 54 UrhG, Anm. 2a; v. Gamm, § 54 UrhG, Rdnr. 6; Ulmer, Urheberrecht, S. 305; Hubmann, Urheberrecht, S. 175; Constantin, S. 25

Grundsätzlich kann daher auch eine Hochschule als juristische Person das Recht der Vervielfältigung zum eigenen Gebrauch gem. § 54 UrhG in Anspruch nehmen.
Im gegebenen Fall sind bei der Untersuchung, ob die Voraussetzungen des § 54 UrhG im einzelnen vorliegen, zwei Alternativen hinsichtlich der beabsichtigten Verwendung der Kopien zu unterscheiden. Möglich ist, daß die AVMZ zum Zweck des Aufbaus einer Videothek aus eigenem Entschluß die entliehenen Filme kopierten und für den gesamten Hochschulbereich zur Verfügung halten. Daneben kommt eine Vervielfältigung im Auftrag des einzelnen wissenschaftlichen Instituts in Betracht.

b. Herstellung der Videokopien zwecks Bereithaltung für den gesamten Hochschulbereich

Es ist zunächst zu untersuchen, ob die AVMZ die Videokopien auf eigene Initiative, also ohne konkreten Auftrag eines einzelnen wissenschaftlichen Instituts gem. § 54 UrhG zulässigerweise herstellen konnten. Hierbei ist unwesentlich, ob die Filme zuvor im Auftrag eines bestimmten Instituts beim IWF entliehen worden waren und dann vom AVMZ überspielt wurden. Auch die Tatsache, daß die hergestellten Kopien möglicherweise später einmal von einem Institut beim AVMZ abgerufen werden, muß außer Betracht bleiben. Entscheidend ist allein die Gebrauchsabsicht zum Zeitpunkt der Vervielfältigung und nicht eine noch unbestimmte spätere Gebrauchsmöglichkeit. Denn die notwendig enge Auslegung des § 54 als Ausnahmevorschrift und das erforderliche Merkmal der Gebotenheit der Vervielfältigung machen eine Abwägung im jeweiligen Einzelfall notwendig. Die grundsätzliche Zulässigkeit der Vervielfältigung im Rahmen des § 54 UrhG und der jeweils erlaubte Umfang der Kopie lassen sich aber nur feststellen, wenn Art und Intensität der beabsichtigten Nutzung schon zum Zeitpunkt der Vervielfältigung hinreichend bestimmt sind.

v. Gamm, § 54 UrhG, Rdnr. 2; Möhring/Nicolini, § 54 UrhG, Anm. 1b; Constantin, S. 29; van Lengerich, S. 106, 68

aa. Eigener wissenschaftlicher Gebrauch. Die Kopiertätigkeit der AVMZ müßte zum eigenen wissenschaftlichen Gebrauch der Hochschule erfolgt sein.
Eigener Gebrauch ist in Abgrenzung zum persönlichen Gebrauch jede andere, z. B. berufliche Nutzung innerhalb des Herrschaftsbereichs des Benutzers. Die Vervielfältigungsstücke dürfen nur zur internen Verwendung und nicht zur Weitergabe an Dritte bestimmt sein. Bei Einzelpersonen wird der eigene Gebrauch zu wissenschaftlichen, beruflichen oder Informationszwecken erfaßt, bei juristischen Personen der betriebs-, behörden- oder hochschulinterne Gebrauch.

Fromm/Nordemann, § 54 UrhG, Rdnr. 4; Möhring/Nicolini, § 54 UrhG, Anm. 2; Ulmer, Urheberrecht, S. 305; Hubmann, Urheberrecht, S. 175; Samson, S. 173

Im vorliegenden Fall ist davon auszugehen, daß die hergestellten Videokopien ausschließlich in der internen Hochschularbeit eingesetzt werden. Insoweit liegt ein eigener Gebrauch der Hochschule vor.
Die Vervielfältigung durch die AVMZ zwecks Aufbau einer Videothek müßte aber auch für den wissenschaftlichen Gebrauch der Hochschule, bzw. eines Instituts der Hochschule vorgenommen werden.
Bei der Vervielfältigung eines Films, die in den AVMZ ohne Auftrag eines bestimmten wissenschaftlichen Instituts vorgenommen wird, kann nicht auf die wissenschaftliche Tätigkeit eines solchen Instituts zurückgegriffen werden. Mangels Bestimmtheit ist auch eine spätere Nutzung durch ein Institut oder einen Wissenschaftler nicht zu berücksichtigen (vgl. soeben). Als mögliche wissenschaftliche Tätigkeit kommt in diesem Fall nur die Arbeit der AVMZ selbst in Betracht. Deren Tätigkeitsfeld ist je nach Hochschule äußerst unterschiedlich. Während einige nur technische Dienstleistungen anbieten, betreiben andere daneben auch eigene Forschung im Medienbereich.

Vgl. hierzu Heyse/Paukens, S. 66f.; Franzen, Audiovisuelle Medien in Hochschulbibliotheken, in: Kehr/Neubauer/Stolzenburg (Hrsg.), Zur Theorie und Praxis des modernen Bibliothekswesens, München 1976, S. 430ff.

Für die vorliegende Frage, ob § 54 Abs. 1 UrhG auch die Herstellung von Videokopien zuläßt, die anschließend in einer Videothek für den gesamten Hochschulbereich zur Verfügung gehalten werden, ist allein der Bereich der technischen Dienstleistung von Interesse. Fraglich ist, ob hinsichtlich dieser Vervielfältigung in den AVMZ auch die Voraussetzungen des wissenschaftlichen Gebrauchs erfüllt sind.
Was als wissenschaftlicher Gebrauch im Sinne des Gesetzes angesehen werden kann, ist im einzelnen – insbesondere hinsichtlich populärwissenschaftlicher Tätigkeiten – umstritten. Nach herrschender Meinung setzt der wissenschaftliche Gebrauch nach § 54 Abs. 1 Nr. 1 UrhG voraus, daß die Grundzüge wissenschaftlicher Arbeits-

methode beachtet werden. Lediglich v. Gamm möchte auf dieses Erfordernis verzichten. Er beruft sich dabei auf das Merkmal der internen Werknutzung, daß eventuelle Mißbräuche vermeide. Dagegen ist einzuwenden, daß die erweiterte Kopierbefugnis zum wissenschaftlichen Gebrauch gem. § 54 Abs. 1 Nr. 1 UrhG aber nur mit der Erleichterung der ernsthaften wissenschaftlichen Arbeit zu rechtfertigen ist. Denn diese Befugnis läßt im Unterschied zu § 54 Abs. 1 Nr. 4 UrhG auch die Vervielfältigung ganzer Werke zu. Ein Verzicht auf die Grunderfordernisse wissenschaftlichen Arbeitens bei der Definition des Wissenschaftsbegriffs nach § 54 UrhG würde umfassende Mißbrauchsmöglichkeiten eröffnen und damit einen unzulässigen Eingriff in die Urheberverwertungsrechte darstellen.
Nach richtiger Ansicht setzt daher der wissenschaftliche Gebrauch gem. § 54 Abs. 1 Nr. 1 UrhG auch die Beachtung einer wissenschaftlichen Arbeitsmethode voraus.

Vgl. Fromm/Nordemann, § 54 UrhG, Rdnr. 5; Möhring/Nicolini, § 54 UrhG, Anm. 3; Heyse/Paukens, S. 76; Bruhn, Das Problem des Vervielfältigens und Verbreitens in seiner Bedeutung für die Bibliotheken, UFITA 52 (1969), S. 115ff.; a. A. v. Gamm, § 54 UrhG, Rdnr. 9

Es ist zweifelhaft, ob die hier zu beurteilende Arbeit der AVMZ diesen Erfordernissen gerecht wird.
Der Aufbau einer Videothek im Rahmen des technischen Services der AVMZ erfolgt nicht unter Anwendung einer kritischen, sich an wissenschaftlichen Erkenntnissen ausrichtenden Methode. Sie ist vielmehr eine auf tatsächlichen Kenntnissen beruhende, mechanische Arbeit. Sie dient lediglich dazu, den Zugriff auf die erforderlichen Mittel für Forschung und Lehre zu erleichtern. Ein eigener wissenschaftlicher Charakter, der eine Vervielfältigung gem. § 54 Abs. 1 Nr. 1 UrhG rechtfertigen würde, muß der Tätigkeit der AVMZ hinsichtlich ihrer technischen Dienstleistung für die Universität abgesprochen werden.
Die Überspielungen von Filmen des IWF in den AVMZ, die ohne entsprechenden Auftrag eines wissenschaftlichen Instituts allein zum Aufbau einer Vidoothek an der Hochsohule dienen, stellen folglich keine Vervielfältigungen zum eigenen wissenschaftlichen Gebrauch der Hochschule i. S. v. § 54 Abs. 1 Nr. 1 UrhG dar.

bb. Gebotenheit der Vervielfältigung. Dieses Ergebnis wird auch unter dem Gesichtspunkt bestätigt, daß die Vervielfältigung zum wissenschaftlichen Gebrauch gem. § 54 Abs. 1 Nr. 1 UrhG nur zulässig ist, „wenn und soweit die Vervielfältigung zu diesem Zweck geboten ist". Diese Voraussetzung kann nur im jeweiligen Einzelfall anhand des konkreten Gebrauchszwecks überprüft werden. Dieser muß daher bei der Anfertigung der Kopie bereits bekannt sein. Zwar ist es grundsätzlich erlaubt, auch in Hinblick auf zukünftige wissenschaftliche Vorhaben Kopien herzustellen, zumal oft nicht sicher ist, in welchem Umfang die Werke zu der wissenschaftlichen Arbeit benötigt werden. Insoweit ist ein großzügiger Maßstab anzulegen. Immer aber muß eine konkrete wissenschaftliche Arbeit als Gebrauchszweck vorliegen.

Ulmer, Urheberrecht, S. 305; Fromm/Nordemann, § 54 UrhG, Rdnr. 5; Möhring/Nicolini, § 54 UrhG, Anm. 3; Sinogowitz, Bibliothekskopie und Urheberrecht, ZfBB 1967, 207 (213)

Das Erfordernis der Gebotenheit und das daraus folgende Merkmal des konkreten Gebrauchszwecks tragen dem Ausnahmecharakter der Vorschrift Rechnung. Sie stellen einen Ausgleich für den Umfang der Befugnis dar, auch ganze Werke vollständig zu kopieren. Die Berechtigung dieser Einschränkung wird gerade im vorliegenden Fall deutlich. Denn die Verwertungsrechte insbesondere der Urheber wissenschaftlicher Werke würden gleichsam aufgehoben, wenn man gerade den Hochschulen das Recht zugestehen wollte, über § 54 Abs. 1 Nr. 1 UrhG genehmigungs- *und* vergütungsfrei ganze Werke ohne eine konkrete Gebrauchsabsicht zu kopieren, um sie für die vielen tausend körperschaftlich verfaßten Mitglieder unmittelbar oder mittelbar über die Ausleihe des wissenschaftlichen Personals bereitzustellen. Der Aufbau einer Videothek für den gesamten Hochschulbereich – als solcher der Arbeit einer Universitätsbibliothek vergleichbar –, ist daher grundsätzlich nur mit eigenen Werkstücken zulässig.
Die Anfertigung von Videokopien, die nicht für einen konkreten wissenschaftlichen Gebrauchszweck eines Instituts oder Mitarbeiters, sondern für die Aufnahme in eine Videothek der Hochschule bestimmt sind, können daher nicht als Vervielfältigungen zum eigenen wissenschaftlichen Gebrauch der Hochschule gem. § 54 Abs. 1 Nr. 1 UrhG ohne Genehmigung des Instituts vorgenommen werden.

c. Vervielfältigung im Auftrag eines wissenschaftlichen Instituts
Die AVMZ der Universitäten könnten die Videokopien zumindest teilweise auch im Auftrag eines wissenschaftlichen Instituts angefertigt haben. Es ist zu prüfen, ob diese Vervielfältigungen für den eigenen wissenschaftlichen Gebrauch der Hochschule gem. § 54 Abs. 1 Nr. 1 UrhG erfolgten und daher ohne Zustimmung des IWF zulässig waren.

aa. Eigener wissenschaftlicher Gebrauch. Die einzelnen wissenschaftlichen Institute gehören als rechtlich unselbständige Einheit zur Hochschule, die eine juristische Person des öffentlichen Rechts darstellt. In dieser Eigenschaft können die Institute einen eigenen wissenschaftlichen Gebrauch i. S. v. § 54 Abs. 1 Nr. 1 UrhG haben und zu diesem Zweck Vervielfältigungen geschützter Werke herstellen.

BGH NJW 78, 2596; Fromm/Nordemann, § 54 UrhG, Rdnr. 4; Möhring/Nicolini, § 54 UrhG, Anm. 2; v. Gamm, § 54 UrhG, Rdnr. 6; Ulmer, Urheberrecht, S. 305; Hubmann, Urheberrecht, S. 175; Constantin, S. 25

bb. Gebotenheit der Vervielfältigung. Die Vervielfältigung müßte zu diesem Zweck im Einzelfall auch geboten sein. Dies setzt zunächst voraus, daß das Werk für die konkrete wissenschaftliche Arbeit dauernd verfügbar sein muß (vgl. III. 1.b.bb.). Darüber hinaus erfordert die Gebotenheit einer Vervielfältigung, daß ein Werkexemplar anders als durch eine Vervielfältigung nur unter großen Schwierigkeiten beschafft werden kann. Zu diesen Schwierigkeiten zählen technische Probleme bei der Beschaffung, wenn das Werk z. B. nur im Ausland oder überhaupt nicht über den Handel erhältlich ist. Dann kann auch die Vervielfältigung eines gesamten Werkes zum wissenschaftlichen Gebrauch geboten sein.
Erlaubt ist aber auch die teilweise Vervielfältigung eines ständig benötigten Werkes, wenn dessen Beschaffungspreis in keinem Verhältnis zum Umfang der erforderlichen Kopie steht.

Fromm/Nordemann, § 54 UrhG, Rdnr. 5; Möhring/Nicolini, § 54 UrhG, Anm. 3; Ulmer, Urheberrecht, S. 305; van Lengerich, S. 130f.; Bonsiep, Die Vervielfältigung von Werken zum privaten Gebrauch im deutschen und schweizerischen Urheberrecht, Diss. Basel 1968, S. 230; Bruhn, UFITA 1969, S. 115 (126); Sinogowitz, ZfBB 1967, 207 (210f.)

Der nach dem Kriterium der Kostenersparnis noch geboten erscheinende und damit zulässige Umfang einer Kopie ist jeweils nur im Einzelfall zu ermitteln. Bei dieser Prüfung ist zu beachten, daß der Verkaufspreis eines Werkes regelmäßig über den bei der Vervielfältigung entstehenden Kosten liegt. Denn der Verkaufspreis muß regelmäßig neben den Herstellungskosten auch die Aufwendungen berücksichtigen, die mit dem Erwerb der Rechte und dem Vertrieb des Werkes verbunden sind. § 54 I Nr. 1 UrhG ist eine Ausnahmevorschrift und verfolgt nicht den Zweck, die Kalkulation des Verkaufspreises durch den erlaubten Einsatz von Kopiermaschinen außer Kraft zu setzen. Die Zulässigkeit einer Kopie unter dem Gesichtspunkt der finanziellen Ersparnis erlaubt daher grundsätzlich nicht, die z. T. hohen Beschaffungskosten eines Werkes zu umgehen, wenn dieses insgesamt oder zu großen Teilen für die eigene wissenschaftliche Arbeit benötigt wird. Die Vervielfältigung eines gesamten Werkes oder seiner wesentlichen Teile nur aus Kostengründen oder Bequemlichkeit sind deshalb nicht geboten i. S. v. § 54 I Nr. 1 UrhG und ohne Einwilligung des Berechtigten unzulässig.

Somit darf gem. § 54 I Nr. 1 UrhG ein geschütztes Werk unter dem Gesichtspunkt der Kostenersparnis nur teilweise und nur dann kopiert werden, wenn der geringe Umfang des für die wissenschaftliche Arbeit benötigten Teils die Anschaffung als unverhältnismäßig hoch erscheinen läßt.

Es ist zu prüfen, ob unter Berücksichtigung dieser Grundsätze die Vervielfältigung von Filmen, die beim IWF entliehen werden können, geboten sein kann.

Die überspielten Filme müßten zunächst für die konkrete wissenschaftliche Arbeit des jeweiligen Instituts ständig benötigt werden. Dies ist z. B. nicht bei Lehrfilmen der Fall, die nur einmal oder selten für die Vorbereitung von Lehrveranstaltungen benötigt werden. Es ist allerdings denkbar, daß Forschungs- oder Dokumentationsfilme bei einem Forschungsprojekt oder einer Veranstaltungsreihe häufig gebraucht werden.

Eine Vervielfältigung dieser Filme wäre jedoch nur geboten, wenn ihre Beschaffung anders als durch eine Vervielfältigung nur unter großen Schwierigkeiten möglich wäre. Alle Filme des IWF können aber gebührenfrei, d. h. nur gegen Übernahme der Portokosten, entliehen werden. Hierbei treten angesichts des unkomplizierten Entleihverfahrens und der kurzen Bearbeitungszeiten auch keine Schwierigkeiten auf, die eine Vervielfältigung unter dem Gesichtspunkt technischer Beschaffungsprobleme als geboten erscheinen lassen würde.

Ausnahmen können nur dann gegeben sein, wenn ein für die wissenschaftliche Institutsarbeit häufig benötigter Film beim IWF nicht in genügend Kopien für die Ausleihe zur Verfügung steht, so daß längere Wartezeiten in Kauf genommen werden müssen. Schließlich könnte auch beim Entleiher das Problem auftreten, daß ein als Videokopie benötigter Film nur als Filmkopie zur Verfügung steht. In beiden Fällen hat der Benutzer dann aber die Möglichkeit, die Filme durch Ankauf beim IWF zu beschaffen, so daß auch unter diesen Umständen eine Vervielfältigung nicht geboten wäre. Zulässig bleibt damit nur noch die teilweise Vervielfältigung von solchen Filmen, die beim IWF nur unter Schwierigkeiten entliehen werden können, da in diesem Fall der Anschaffungspreis die Kosten für die Vervielfältigung erheblich übersteigen würde. Mit der Anfertigung solcher Teilkopien dürfen aber die eben dargestellten Auslegungsgrundsätze der Gebotenheit einer Vervielfältigung gem. § 54 I Nr. 1 UrhG nicht umgangen werden. Eine vollständige Vervielfältigung der Filme oder größere Teile würde nur aus Kostengründen erfolgen und wäre deshalb nicht geboten und unzulässig.

Somit ist auch die Herstellung von Videokopien im Auftrag eines wissenschaftlichen Instituts nicht nach § 54 I Nr. 1 UrhG zulässig, soweit es die vollständige Vervielfältigung von entliehenen Filmen betrifft. Lediglich kleinere Teile von schwer erhältlichen Filmen dürfen zum eigenen wissenschaftlichen Gebrauch des Instituts und damit der Hochschule kopiert werden, sofern sie für die wissenschaftliche Arbeit ständig benötigt werden.

2. Herstellung der Videokopien für das wissenschaftliche Personal

Weiterhin ist die Möglichkeit zu unterscheiden, daß die Videokopien für den eigenen wissenschaftlichen Gebrauch des wissenschaftlichen Personals angefertigt werden. Auch hier muß wieder hinsichtlich der anschließenden Verwendung der Kopien differenziert werden. Die Vervielfältigungsstücke können einerseits für die Forschung und andererseits für die Lehrveranstaltungen des einzelnen Wissenschaftlers gebraucht werden.

a. Vervielfältigung für Forschungszwecke

Die Herstellung von Videokopien für Forschungszwecke des wissenschaftlichen Personals ist gem. § 54 UrhG zulässig, wenn die Kopien für den eigenen wissenschaftlichen Gebrauch dieser Personen benötigt werden und die Anfertigung der Kopien geboten ist.

aa. Eigener wissenschaftlicher Gebrauch. Die Forschungstätigkeit des wissenschaftlichen Hochschulpersonals wird unstreitig vom Begriff des wissenschaftlichen Gebrauchs gem. § 54 I Nr. 1 UrhG erfaßt.

Fromm/Nordemann, § 54 UrhG, Rdnr. 4; Möhring/Nicolini, § 54 UrhG, Anm. 2; Ulmer, Urheberrecht, S. 305; Hubmann, Urheberrecht, S. 175; Samson, S. 173

Da § 54 UrhG auch die berufliche Nutzung umfaßt (s. B.III. 1.b.aa.), ist die Herstellung von Videokopien für Forschungszwecke des wissenschaftlichen Hochschulpersonals grundsätzlich zulässig.

bb. Gebotenheit der Vervielfältigung. Diese gesetzliche Kopierbefugnis wird auf die Fälle beschränkt, in denen die Vervielfältigung geboten ist (§ 54 I Nr. 1 aE UrhG). Hierzu gelten die oben unter B.III. 1.c.bb. dargelegten Erwägungen.

Der Wissenschaftler muß zunächst die Kopie für einen konkreten Gebrauchszweck dauernd benötigen. Darüber hinaus ist die Vervielfältigung nur dann geboten, wenn die Beschafftung des Films anders nur unter großen Schwierigkeiten möglich wäre.

Dies ist bei Filmen des IWF regelmäßig nicht der Fall. Größere Schwierigkeiten, die eine Vervielfältigung geboten erscheinen lassen, könnten daher nur bei Engpässen im Verleih auftreten. Auch dann aber besteht die Möglichkeit, die Filme zu erwerben. Die dabei im Verhältnis zur Kopieherstellung entstehenden Mehraufwendungen können unter dem Gesichtspunkt der Gebotenheit eine Vervielfältigung nicht rechtfertigen. Denn § 54 UrhG erlaubt nicht, ganze Werke oder größere Teile nur zum Zwecke der Kostenersparnis zu vervielfältigen.

Fromm/Nordemann, § 54 UrhG, Rdnr. 5, Möhring/Nicolini, § 54 UrhG, Anm. 3; Ulmer, Urheberrecht, S. 305; Sinogowitz, ZfBB 1967, 207 (210f.); Bonsiep, S. 230; Bruhn, UFITA 1969, S. 115 (126); van Lengerich, S. 130f.

Der Gesichtspunkt des unverhältnismäßig hohen Kostenaufwandes kann daher nur dann eine Vervielfältigung rechtfertigen, wenn lediglich kleine Teile schwer erhältlicher Werke benötigt werden und der Anschaffungspreis des Gesamtwerkes in keinem Verhältnis mehr zum Aufwand für die Herstellung einer Teilkopie steht.
Auch für Forschungszwecke des wissenschaftlichen Personals dürfen daher gem. § 54 I Nr. 1 UrhG lediglich kleine Ausschnitte solcher Filme vervielfältigt werden, die im Verleih nur schwer erhältlich sind.

b. Vervielfältigungen zwecks Vorführungen in Lehrveranstaltungen

aa. Eigener wissenschaftlicher Gebrauch. Auch die berufliche Lehrtätigkeit der Wissenschaftler fällt unter den Wissenschaftsbegriff des § 54 UrhG, so daß Vervielfältigungen für diesen Gebrauch zulässigerweise gem. § 54 I Nr. 1 UrhG hergestellt werden können.

Möhring/Nicolini, § 54 UrhG, Amn. 2; Fromm/Nordemann, § 54 UrhG, Anm. 5; Ulmer, S. 305; Constantin, S. 22f.; Heyse/Paukens, S. 76f.

bb. Gebotenheit der Vervielfältigung. Geboten sind auch hier wieder nur Vervielfältigungen von kleineren Filmteilen, wenn die betreffenden Filme nur unter Schwierigkeiten ausgeliehen werden können (vgl. soeben 1.c.bb. und 2.a.bb.).

cc. Erfordernis der nicht-öffentlichen Wiedergabe gem. § 54 Abs. 3 i. V. m. § 53 Abs. 3 UrhG. Die urheberrechtliche Regelung erlaubt gem. § 54 Abs. 3 i. V. m. § 53 Abs. 3 nur nicht-öffentliche Wiedergaben von zulässigerweise für den eigenen Gebrauch hergestellten Kopien.
Die Wiedergabe eines Werkes ist gem. § 15 III UrhG öffentlich, wenn sie für eine Mehrzahl von Personen bestimmt ist, es sei denn, daß der Kreis dieser Personen bestimmt abgegrenzt ist und sie durch gegenseitige Beziehungen oder durch Beziehungen zum Veranstalter persönlich untereinander verbunden sind. Der BGH hat in seinen Entscheidungen, die Vorführungen in einem Alterswohnheim und in einem Postjugendwohnheim betrafen, Grundsätze zu einer engen Auslegung des Öffentlichkeitsbegriffs aufgestellt. Danach ist der Begriff der persönlichen Verbundenheit nicht im Sinne nur familiärer oder freundschaftlicher Beziehungen zu verstehen. Entscheidend sei vielmehr ein enger gegenseitiger Kontakt. Dies setze einen überschaubaren Kreis voraus, dessen Mitglieder sich überhaupt ken-

nen müßten. Je größer der Kreis desto weniger seien die Voraussetzungen dafür gegeben, daß infolge der gegenseitigen Beziehungen zwischen allen Mitgliedern des Kreises eine persönliche Verbundenheit bestehe.

BGH UFITA Bd. 73 (1975), 286 (Postjugendheim); BGH NJW 74, 1972 (Altenwohnheim); dazu: Hubmann, Der Begriff der Öffentlichkeit im Urheberrecht, in: Jahrb. d. intern. Gesellschaft f. Urheberrecht, Wien 1979, m. w. N.; Heyse/Paukens, S. 81 f.

Es ist zweifelhaft, ob Vorführungen in größeren Vorlesungen und Übungen, an denen ein ständig wechselnder Kreis von manchmal mehreren hundert Zuhörern teilnimmt, unter Berücksichtigung dieser höchstrichterlichen Grundsätze noch als nichtöffentlich bezeichnet werden können. Für den vorliegenden Fall ist jedoch zu beachten, daß nach Sinn und Zweck des Instituts das Filmmaterial zulässigerweise im gesamten hochschulöffentlichen Bereich Verwendung finden soll. Das IWF selbst faßt unter den urheberrechtlichen Begriff „nicht-öffentliche Vorführung" gerade alle Wiedergaben in hochschulöffentlichen Veranstaltungen (vgl. 1. Teil C.II. und III.). Dieser Auslegungsgrundsatz des urheberrechtlichen Begriffs „nicht-öffentlich" soll deshalb unter Berücksichtigung der Intentionen des Instituts auch für die Vorführungen der im gesetzlich erlaubten Rahmen hergestellten Teilkopien gelten. Die Frage, ob größere Hochschulveranstaltungen noch als nicht-öffentlich zu bezeichnen sind, kann hier daher offen bleiben. Die zulässigerweise hergestellten Teilkopien der Filme dürfen somit auch in allen hochschulöffentlichen Veranstaltungen vorgeführt werden.

3. Vergütungsfreiheit wegen nicht-gewerblichen Gebrauchs der Kopien

Bei Vervielfältigungen, die gem. § 54 Abs. 1 UrhG zulässigerweise für gewerbliche Zwecke hergestellt werden, ist gem. § 54 Abs. 2 UrhG eine Vergütung zu zahlen. Der Begriff des Gewerbes in § 54 Abs. 2 UrhG muß eng im Sinne der Gewerbeordnung ausgelegt werden und umfaßt nicht einmal die auf Erwerb gerichtete Tätigkeit der freien Berufe. Hochschulen trifft nach unbestrittener Ansicht keine Vergütungspflicht gem. § 54 Abs. 2 UrhG.

Möhring/Nicolini, § 54 UrhG, Anm. 7; v. Gamm, § 54 UrhG, Rdnr. 7; Ulmer, Urheberrecht, S. 305; Dietz, GRUR 78, 457 (466); Constantin, S. 22

4. Ergebnis zu III.

Die Hochschulen als juristische Person des öffentlichen Rechts können grundsätzlich urheberrechtlich geschützte Werke gem. § 54 Abs. 1 Nr. 1 UrhG für den eigenen wissenschaftlichen Gebrauch vervielfältigen. Die Anfertigung von Kopien entliehener Filme, die im Rahmen einer Videothek für den gesamten Hochschulbereich zur Verfügung gehalten werden sollen, kann jedoch nicht nach § 54 Abs. 1 Nr. 1 UrhG gerechtfertigt werden, da auf seiten der kopierenden AVMZ diesbezüglich kein wissenschaftlicher Gebrauch vorliegt und die Vervielfältigungen mangels konkreter Gebrauchsabsicht auch nicht geboten sind. Die Anfertigung von Videokopien für ein bestimmtes wissenschaftliches Institut ist zwar grundsätzlich zulässig. Hinsichtlich

der Filme des IWF sind solche Vervielfältigungen aber nicht geboten, da die Werkexemplare ohne Schwierigkeiten durch Entleih oder Ankauf vom IWF beschafft werden können. Zulässig ist nur die Vervielfältigung kleiner Teile von solchen Filmen, die beim IWF aufgrund von Engpässen im Verleih nur unter Schwierigkeiten entliehen werden können.
Daneben ist auch eine Herstellung von Videokopien in den AVMZ für den eigenen wissenschaftlichen Gebrauch des wissenschaftlichen Personals gem. § 54 Abs. 1 Nr. 1 UrhG gestattet. Auch hier gilt jedoch, daß angesichts der problemlosen Verfügbarkeit der Filme des IWF eine teilweise Vervielfältigung nur dann unter dem Gesichtspunkt der Gebotenheit zulässig ist, wenn beim Entleih längere Wartezeiten entstehen. Die Anfertigung vollständiger Kopien von Filmen oder das Vervielfältigen großer Teile ist unzulässig.

C. Verletzung der Rechte Dritter durch die Anfertigung und Verwendung der Videokopien an den Hochschulen

Durch das unzulässige Kopieren in den Hochschulen könnten neben den Rechten des IWF auch Rechte Dritter, z. B. der Urheber und anderer Nutzungsberechtigter, verletzt werden. Diese Frage ist hier jedoch nur für jene Fälle zu untersuchen, in denen das IWF als Nutzungsberechtigter gegenüber den in ihren Rechten beeinträchtigten Dritten verpflichtet ist, gegen die Verletzer vorzugehen.
Das IWF hat an dem überwiegenden Teil der Filme die ausschließlichen Nutzungsrechte, an den sog. Fremdfilmen jedoch nur einfache Nutzungsrechte (vgl. A.II.1.b. und Z). Die Inhaber einfacher Nutzungsbefugnisse sind aus eigenem Recht nicht berechtigt, gegen eine unbefugte Nutzung durch andere vorzugehen (vgl. ebenda). Sie können keine Ansprüche gem. § 97ff. UrhG geltend machen.

Ulmer, Urheberrecht, S. 359, 367ff., 543f.; Hubmann, Urheberrecht, S. 206f., 295; Fromm/ Nordemann, § 31 UrhG, Rdnr. 1, § 97 UrhG, Rdnr. 3; v. Gamm, § 31 UrhG, Rdnr. 14, § 97 UrhG, Rdnr. 16; v. Hartlieb, S. 250

Eine gesetzliche Pflicht des IWF als einfachem Lizenznehmer (vgl. 1. Teil, B.II.3.), gegen unberechtigte Nutzungen einzuschreiten, scheidet somit schon mangels Klagemöglichkeit aus. Eine entsprechende vertragliche Vereinbarung mit der gleichzeitigen Einräumung einer Klagebefugnis (gewillkürte Prozeßstandschaft) ist nicht erfolgt (vgl. die Vereinbarung über den Erwerb einfacher Nutzungsrechte, 1. Teil, B.II.3.). Das IWF trifft somit hinsichtlich jener Filme, an denen es lediglich einfache Nutzungsrechte erworben hat, keine Pflicht, gegen unbefugte Nutzungen – wie im vorliegenden Fall die unzulässigen Vervielfältigungen und Vorführungen – vorzugehen. Inwieweit durch diese Handlungen die Rechte Dritter verletzt werden, kann hier daher offen bleiben.
Als Inhaber einer ausschließlichen Lizenz ist das IWF zur gerichtlichen Geltendmachung der Rechte gem. § 97 UrhG aktivlegitimiert. Gegenüber den Urhebern kann das IWF auch zur Rechtsverfolgung verpflichtet sein, wenn berechtigte Urheberinteressen beeinträchtigt werden. Dies ist jeweils am Einzelfall festzustellen.

Zur Pflicht des ausschließlich Nutzungsberechtigten, die Rechte der Urheber geltend zu machen vgl. BGH GRUR 1965, 591 (594ff.); v. Gamm, § 97 UrhG, Rdnr. 16, § 31 UrhG, Rdnr. 14; zur Pflicht des Verleihers gegenüber dem Lizenzgeber v. Hartlieb, S. 270

Eine solche Verpflichtung des IWF setzt zunächst voraus, daß die berechtigten Interessen der Urheber, bzw. Schutzrechtsinhaber durch die Vervielfältigungen und Vorführungen an der Hochschule verletzt wurden. In Betracht kommen Verletzungen der Persönlichkeitsrechte (Veröffentlichungsrecht, Anerkennung der Urheberschaft, keine Entstellung des Werkes), der Nutzungsrechte (Vervielfältigung, Verbreitung, Vorführung etc.) und der Zustimmungsrechte (weitere Veröffentlichung, Bearbeitung, etc.).

vgl. hierzu Fromm/Nordemann, § 97 UrhG, Rdnr. 2; Möhring/Nicolini, § 97 UrhG, Anm. 3; v. Gamm, § 97 UrhG, Rdnrn. 3ff.; Ulmer, Urheberrecht, S. 206ff.; Hubmann, Urheberrecht, S. 137ff.

Über die vorgenommenen Vervielfältigungen und die anschließende Verwendung der Exemplare sind keine Einzelheiten bekannt. Es ist jedoch davon auszugehen, daß die kopierten Filme ohne Veränderungen überspielt und nicht bearbeitet werden. Auch besteht kein Grund zu der Annahme, daß die Vervielfältigungsexemplare veräußert oder in anderer Form der Öffentlichkeit angeboten werden. Vielmehr dürften sie in der gleichen Weise wie die beim IWF entliehenen Filme in der Bildungsarbeit der Hochschulen Verwendung finden.

Eine Verletzung der Urheberpersönlichkeitsrechte und der Zustimmungsrechte durch dieses Vorgehen der Hochschulen ist nicht ersichtlich. Es könnten jedoch die Nutzungsrechte der Urheber, insbesondere das Vervielfältigungs- und das Vorführrecht, beeinträchtigt werden.

Die Urheber der Filme, an denen das IWF eine auschließliche Nutzungsbefugnis besitzt, haben sämtliche Vervielfältigungs- und Vorführungsrechte, insbesondere auch die Rechte zur audiovisuellen Verwertung, an das IWF übertragen (vgl. A.II.1.b.). Ihnen ist damit die Ausübung dieser Rechte untersagt (vgl. ebenda). Mit allen externen Wissenschaftlern wurde für die Rechtseinräumung eine einmalige Zahlung vereinbart. Die an der Produktion von Hochschulunterrichtsfilmen beteiligten Wissenschaftler erhalten laut Vertrag zusätzlich 50% aus etwa anfallenden Lizenzeinnahmen (vgl. 1. Teil, B.II.2.a.). Die Interessen der Urheber werden daher durch die unbefugte Verwertung an den Hochschulen nur beeinträchtigt, wenn die Nutzung über den konsentierten Bereich hinausgeht oder die Urheber Einnahmeverluste durch ausfallende Lizenzgebühren erleiden.

Die Hochschulen vervielfältigen die entliehenen Filme und verwenden sie für ihre nicht-öffentliche Bildungsarbeit. Die Nutzung geht daher nicht über den Bereich hinaus, für den die Urheber die ausschließlichen Nutzungsrechte bereits an das IWF übertragen haben. Soweit die Urheber für die Rechtseinräumung nur eine einmalige Vergütung erhielten, werden sie durch die unzulässige Nutzung seitens der Hochschulen in ihren Rechten folglich nicht mehr verletzt.

Fraglich ist aber, ob nicht die an den Lizenzeinnahmen beteiligten Wissenschaftler durch die unbefugte Nutzung in ihren Rechten beeinträchtigt werden. Im Falle einer rechtmäßigen Überspielung müßten die Universitäten eine Überspiellizenz (vgl. 1. Teil, C.III.) beim IWF erwerben. Die externen Wissenschaftler als Urheber würden von den hierfür zu zahlenden Gebühren 50% erhalten. Indem die Hochschu-

len die Filme ohne vorherigen Erwerb einer Lizenz überspielen, entstehen den Wissenschaftlern entsprechende Einnahmeverluste. Sie sind daher durch die unbefugte Nutzung an den Hochschulen in ihren materiellen Rechten beeinträchtigt.
Das IWF müßte auch verpflichtet sein, die Rechte jener Wissenschaftler geltend zu machen, mit denen eine Beteiligung an den Lizenzgebühren vereinbart wurde. Das IWF hat es vertraglich übernommen, die Lizenzgebühren einzunehmen und den Urheberanteil an die Wissenschaftler weiterzuleiten. Nur das Institut kann aufgrund seiner Verleih- und Verkaufstätigkeit die Gebühren eintreiben und eventuelle Rechtsverletzungen feststellen. Das IWF trifft deshalb nach der Vereinbarung, die sie mit den an der Produktion von Hochschulunterrichtsfilmen beteiligten Wissenschaftlern geschlossen hat, die vertragliche Nebenpflicht zur Wahrung ihrer materiellen Urheberinteressen.
Das IWF ist daher als ausschließlich Nutzungsberechtigter gegenüber den Urhebern zur Rechtsverfolgung verpflichtet, wenn Hochschulunterrichtsfilme über den gem. § 54 I Nr. 1 UrhG zulässigen Umfang hinaus kopiert werden. In allen anderen Fällen unbefugter Nutzung besteht diese Pflicht nicht.

D. Die urheberrechtlichen Beschränkungen hinsichtlich des Vervielfältigungsrechts und die verfassungsrechtliche Eigentumsgarantie

Die urheberrechtliche Beurteilung hat ergeben, daß die Nutzungsrechte des IWF dadurch eingeschränkt werden, daß die Universitäten und das wissenschaftliche Personal gem. § 54 I Nr. 1 UrhG berechtigt sind, kleine Teile der entliehenen Filme für den eigenen wissenschaftlichen Gebrauch zu vervielfältigen. Diese Regelung könnte die verfassungsmäßig garantierten Eigentumsrechte des IWF verletzen.
Die Nutzungsrechte an einem Werk gehören zu den vermögensrechtlichen Bestandteilen des Urheberrechts, die der Eigentumsgarantie des Art. 14 unterfallen.

BVerfGE 49, 382 (392); 31; 229 (239); Papier in Maunz-Dürig, Komm. z. GG., Art. 14, Rdnrn. 187f.; Ulmer, Urheberrecht, S. 109; Hubmann, Urheberrecht, S. 74; Fromm/Nordemann, § 1 UrhG, Rdnr. 4, vor § 45 UrhG, Rdnr. 1; Badura, Der Eigentumsschutz des Urhebers und die Vervielfältigung urheberrechtlich geschützter Werke für Zwecke der Ausbildung und der Wissenschaft, Neuwied 1982, S. 22; Weber, Urheberrecht und Verfassung, in: Schriftenreihe der Intern. Gesellschaft f. Urheberrecht, Bd. 24, S. 12ff.

Die Nutzungsrechte des IWF werden folglich vom Eigentumsschutz des Art. 14 GG erfaßt. Inhalt und Schranken dieses Schutzes werden gem. Art. 14 I, S. 2 GG durch die Gesetze bestimmt. Art. 14 II GG legt die Sozialbindung des Eigentums fest. „Sein Gebrauch soll zugleich dem Wohle der Allgemeinheit dienen“, Art. 14 II, S. 2 GG.
Diese verfassungsrechtliche Ausgestaltung geht von dem Verständnis aus, daß das Eigentum ein vorstaatliches Menschenrecht mit naturrechtlichem Gehalt ist. Es wird vom Grundgesetz gleichsam nur konstatiert. Jedoch bleibt die Ausgestaltung dieses Rechts dem Gesetzgeber überlassen, der hierbei der in Art. 14 II GG postulierten Sozialbildung Rechnung zu tragen hat. Das Ermessen des Gesetzgebers ist hinsichtlich der Festlegung von Inhalt und Schranken des Eigentumsrechts an das Gebot einer gerechten Abwägung gebunden. Er hat die schutzwürdigen In-

teressen der Beteiligten in einen gerechten Ausgleich und ein ausgewogenes Verhältnis zu bringen. Dabei ist einerseits dem einzelnen Grundrechtsinhaber ein Freiheitsraum im vermögensrechtlichen Bereich als Grundlage einer eigenverantwortlichen Lebensgestaltung zu gewährleisten. Andererseits müssen die Interessen der Allgemeinheit berücksichtigt werden. Dabei gehen die Befugnisse des Gesetzgebers gem. Art. 14 I S. 2 GG um so weiter, je mehr das Eigentumsobjekt in einem sozialen Bezug und einer sozialen Funktion steht. Speziell zum Schutz des Urheberrechts hat das Bundesverfassungsgericht ausgeführt: Der Urheber hat nach dem Inhalt der Eigentumsgarantie grundsätzlich einen Anspruch darauf, daß ihm der wirtschaftliche Nutzen seiner Arbeit zugeordnet wird, soweit nicht Gründen des gemeinen Wohls der Vorrang vor den Belangen des Urhebers zukommt. Hierbei ist zu berücksichtigen, daß es um das Ergebnis der geistigen und persönlichen Leistung des Urhebers geht, nicht aber etwa um einen unverdienten Vermögenszuwachs. Daher kann der Ausschluß eines Vergütungsanspruchs nicht durch jede Gemeinwohlerwägung gerechtfertigt werden; insbesondere reicht das Interesse der Allgemeinheit an einem ungehinderten Zugang zu urheberrechtlich geschützten Werken allein nicht aus. Im Hinblick auf die Intensität der Beschränkung der urheberechtlichen Stellung muß ein gesteigertes öffentliches Interesse gegeben sein, damit eine solche Regelung vor der Verfassung Bestand hat.

BVerfGE 31, 229 (243); 49, 382 (400, 403); Badura, S. 25; Papier in Maunz-Dürig, Komm. z. GG., Art. 14, Rdnrn. 255ff.; Hubmann, Urheberrecht, S. 75; Maunz, Das geistige Eigentum in verfassungsrechtlicher Sicht, GRUR 1973, 107 (108f.)

Die gesetzgeberische Freiheit bei der Ausgestaltung des Eigentumsschutzes wird schließlich durch das Gebot der Verhältnismäßigkeit und den Wesensgehalt des institutionell garantierten Eigentums begrenzt.
Die Verhältnismäßigkeit des staatlichen Eingriffs ist eine rechtsstaatliche Mindestgarantie. Sie setzt einen verfassungslegitimen Grund für den gesetzgeberischen Eingriff, die Eignung des gewählten Eingriffsmittels, seine Erforderlichkeit im Sinne der Wahl des schonendsten Mittels sowie ein ausgewogenes Verhältnis zwischen der Eingriffsschwere und dem Eingriffsnutzen voraus. Unter dem Gesichtspunkt der Verhältnismäßigkeit hat das Bundesverfassungsgericht die presserechtliche Pflicht der Verleger, auch von sehr kostenaufwendigen, in niedrigen Auflagen erscheinenden Druckwerken Belegexemplare unentgeltlich abzuführen, als eine mit Art. 14 GG unvereinbare Belastung für verfassungswidrig erklärt.

BVerfGE 48, 137 (148f.); Papier in Maunz-Dürig, Komm. z. GG., Art. 14, Rdnrn. 254ff.; Hubmann, Urheberrecht, S. 75f.; Badura, S. 22ff.

Schließlich gilt auch für den Eigentumsschutz nach Art. 14 GG die Mindestgarantie des Art. 19 II GG, wonach „in keinem Fall ... ein Grundrecht in seinem Wesensgehalt angetastet werden" darf. Diese sog. Wesensgehaltsgarantie schützt einen absoluten Kern des Eigentumsgrundrechts. Daraus ergibt sich für das Urheberrecht, daß die vermögenswerten Ergebnisse der schöpferischen Leistung grundsätzlich dem Urheber im Wege privatrechtlicher Normierung so zugeordnet werden, daß er in eigener Verantwortung darüber verfügen kann. Die Eigentumsgarantie gebietet jedoch nicht, jede nur denkbare wirtschaftliche Verwertungsmöglichkeit dem Urheber zuzuordnen. In diesem Sinne hat das Bundesverfassungsgericht in einer Entscheidung zu § 52 I Nr. 1 UrhG die Wiedergabe von Kirchenmusik auf kirchlichen Veranstaltungen auch ohne Erlaubnis des Urhebers für zulässig erklärt, in dem Ausschluß jeglichen Vergütungsanspruchs aber einen Verstoß gegen Art. 14 GG gesehen. Denn für die Urheber von Kirchenmusik wäre angesichts der Nutzung ihrer Werke die Vergütung damit zur Ausnahme geworden.

BVerfGE 49, 382 (401); Papier in Maunz-Dürig, Komm. z. GG., Art. 14, Rdnr. 272ff.; Badura, S. 18, 22

Durch das Vervielfältigungsrecht der Universitäten gem. § 54 I Nr. 1 UrhG wird das Verbots- und Vergütungsrecht des IWF als Nutzungsberechtigtem eingeschränkt. Es ist zu untersuchen, ob hierin eine unzulässige Beschränkung der Eigentumsrechte des IWF gem. Art. 14 GG liegt. Dabei ist auf den im vorliegenden Fall ermittelten, zulässigen Umfang der Vervielfältigungsbefugnisse abzustellen, da das IWF nur im Falle einer Verletzung der eigenen Rechtsposition zur Geltendmachung seiner verfassungsmäßigen Rechte befugt ist (§ 90 Bundesverfassungsgerichtsgesetz). Eine gerechte Abwägung bei der Regelung der Vervielfältigung zum wissenschaftlichen Gebrauch muß zunächst die Interessen des Nutzungsberechtigten an der uneingeschränkten Ausübung seiner vom Urheber erworbenen Verbots- und Vergütungsrechte beachten. Auf der anderen Seite steht das Interesse der Allgemeinheit an der Förderung von Forschung und Lehre. Das Interesse des Gemeinwesens an einem effizienten Wissenschaftsbetrieb erfordert eine freie Betätigung des wissenschaftlich Tätigen und damit einen möglichst ungehinderten Zugang zu dem benötigten Material. Gem. Art. 5 III GG sind die Freiheit von Wissenschaft und Lehre gewährleistet. Die Verfassung mißt dieser Freiheit eine besondere Bedeutung für die Selbstverwirklichung des Einzelnen und der gesamtgesellschaftlichen Entwicklung bei. Die Förderung der Wissenschaft stellt somit ein gesteigertes Interesse der Allgemeinheit i. S. d. Rechtsprechung des Bundesverfassungsgerichts dar und erlaubt daher grundsätzlich einen Eingriff in die urheberrechtlichen Verwertungsbefugnisse.

Scholz in Maunz-Dürig, Art. 5 III GG, Rdnr. 4ff.; Badura, S. 29ff. m. w. N.

Die Intensität des zulässigen Eingriffs muß auch das Ergebnis einer gerechten Abwägung darstellen. Die Regelung des § 54 I Nr. 1 UrhG erlaubt die Anfertigung einer Kopie, wenn das Werk ständig für die wissenschaftliche Arbeit benötigt wird und seine Beschaffung anders als durch eine Vervielfältigung nur unter Schwierigkeiten möglich wäre. Die Verbots- und Vergütungsinteressen der Nutzungsberechtigten finden insoweit Beachtung, als der Wissenschaftler zunächst verpflichtet wird, das Werk leihweise oder durch Ankauf zu erlangen. Nur wenn diese Beschaffung auf außerordentliche Schwierigkeiten stößt, ist die Vervielfältigung zulässig. Zu diesen Schwierigkeiten zählen auch unverhältnismäßige Aufwendungen. Eine Vervielfältigung aus Kostengründen ist gem. § 54 I Nr. 1 UrhG aber nur zulässig, wenn der geringe Umfang des benötigten Teils eine Anschaffung des Gesamtwerkes als unverhältnismäßig erscheinen lassen würde. Benötigen der Wissenschaftler oder das Institut größere Teile des Werkes, so bleiben sie zum Ankauf verpflichtet. Damit sind die Befugnisse zur Vervielfältigung ohne Erlaubnis des Verwertungsberechtigten auf das für die Wissenschaftsförderung unbedingt erforderliche Maß beschränkt. Die Vergütungsansprüche des Urhebers bleiben im wesentlichen erhalten. Diese relativ geringfügige Einschränkung der urheberrechtlichen Verwertungsrechte ist angesichts der Bedeu-

tung von Forschung und Lehre für das Gemeinwesen ein ausgewogenes Ergebnis der gesetzgebersichen Abwägung.
Die gesetzliche Beschränkung müßte auch einen verhältnismäßigen Eingriff darstellen. Die in Art. 5 III GG festgeschriebene Förderung von Forschung und Lehre ist – wie ausgeführt – ein verfassungslegitimer Eingriffsgrund. Mit der Beschränkung wird der kontinuierliche Wissenschaftsbetrieb sichergestellt, indem Verzögerungen und Schwierigkeiten bei der Materialbeschaffung vermieden werden. Die gesetzliche Einschränkung ist somit auch ein geeignetes Eingriffsmittel. Ein schonenderes Mittel als die Erlaubnis der teilweisen Vervielfältigung unter den dargelegten Voraussetzungen ist nicht ersichtlich. Die relativ geringe Schwere des Eingriffs steht auch in einem ausgewogenen Verhältnis zu der erreichten Förderung der Wissenschaft, die sonst bei ihrer Forschungs- und Lehrtätigkeit erheblich beeinträchtigt werden könnte. Die Beschränkungen der urheberrechtlichen Verwertungsbefugnisse sind somit auch verhältnismäßig.
Schließlich bleibt auch der wesentliche Gehalt des Eigentums durch die Befugnis, die Filme in kleinen Teilen ausschnittweise zu vervielfältigen, unangetastet. Anders könnte der Sachverhalt zu beurteilen sein, wenn den Universitäten das Recht zur vollständigen Vervielfältigung der Filme zugestanden würde. Denn Hochschulen sind die Hauptzielgruppe des IWF, das Filme speziell für die Verwendung in der Wissenschaft herstellt und verleiht. Die Vervielfältigungsbefugnis der Hochschulen hält sich jedoch in einem so geringen Rahmen, daß die Verwertungsmöglichkeiten des IWF nicht wesentlich beeinträchtigt werden.
Die Regelung des Vervielfältigungsrechts zum wissenschaftlichen Gebrauch führt somit im vorliegenden Fall zu einem ausgewogenen Ergebnis, das die Interessen der Urheber und Nutzungsberechtigten einerseits und das Gemeinwohlinteresse andererseits ausreichend berücksichtigt. Die gem. § 54 I Nr. 1 UrhG den Universitäten zugestandene Vervielfältigungsbefugnis stellt einen verhältnismäßigen Eingriff in die urheberrechtlichen Verwertungsrechte dar und berührt nicht den Wesensgehalt des Eigentumsschutzes.
Das IWF ist durch diese Beschränkung in seinem Grundrecht auf Eigentum nicht verletzt.

2. Abschnitt: Einfluß der vertraglichen Absprachen auf die Rechtslage

A. Die Gestaltung der vertraglichen Beziehungen zwischen dem IWF und den jeweiligen Hochschulen

Eine nach urheberrechtlichen Gesichtspunkten zulässige Übertragung von Filmen oder Videos auf andere Bildträger durch die AVMZ der Universitäten könnte durch die Lieferbedingungen II/79 des Instituts für den wissenschaftlichen Film ausgeschlossen sein. Dabei ist zu untersuchen, inwieweit öffentliches Recht zur Anwendung kommt. Der näheren Betrachtung bedürfen die Lieferbedingungen in Bezug auf ihre Einbeziehung in die Verträge und ihre Wirksamkeit im Lichte des Rechts der Allgemeinen Geschäftsbedingungen.

I. Problematik des Zustandekommens von Verträgen unter Einbeziehung von AGB

1. Anwendbarkeit von öffentlichem oder privatem Recht

Das Institut für den wissenschaftlichen Film ist eine Gemeinschaftseinrichtung der Länder, die aufgrund einer „Rahmenvereinbarung Forschungsförderung" gem. Art. 91b GG geführt wird. Aufgabe des Instituts ist es, vorwiegend für Hochschulen und Forschungsinstitute in der Bundesrepublik Deutschland Filme und ähnliche Medien für Forschung und Lehre bereitzustellen. Zur Erfüllung dieser Aufgabe wären sowohl öffentlich-rechtliche als auch privatrechtliche Rechtsformen möglich. Grundsätzlich hat der Staat sich des öffentlichen Rechts zu bedienen, um die Bindung an öffentlich-rechtliche Grundregeln und Beschränkungen zu gewährleisten.

Maurer, Allgemeines Verwaltungsrecht, 3. Aufl. 1983, S. 25f.; Erichsen/Martens, Allgemeines Verwaltungsrecht, 6. Aufl. 1983, S. 274; Wolff/Bachof, Verwaltungsrecht I, 9. Aufl. 1974, S. 102; Erichsen, Öffentliches oder privates Recht, Jura 82, S. 537, 543f.

Im Rahmen der Leistungsverwaltung steht es ihm aber frei, die Rechtsform für die Leistungserbringung zu wählen, soweit keine öffentlich-rechtlichen Vorschriften entgegenstehen.

Das IWF ist als gemeinnützige GmbH errichtet worden. Die Gesellschaft mit beschränkter Haftung ist eine privatrechtliche Organisationsform. Vertragliche Beziehungen zwischen dem IWF und seinen Vertragspartnern können wegen der Wahl einer privaten Rechtsform anerkanntermaßen nur privatrechtlicher Natur sein.

Maurer, S. 25; Wolff/Bachof, S. 106; Erichsen, Jura 82, S. 545

2. Anwendbarkeit des Gesetzes zur Regelung des Rechts der Allgemeinen Geschäftsbedingungen (AGBG)

Die Klassifizierung von Vertrags- bzw. Lieferbedingungen als „Allgemeine Geschäftsbedingungen" nimmt § 1 Abs. 1 Satz 1 AGBG in der Weise vor, daß vorformulierte Bedingungen AGB sind, wenn sie auf Veranlassung eines Vertragsteils Bestandteil einer Vielzahl abzuschließender Rechtsgeschäfte werden sollen. Vertragsbedingungen der öffentlichen Hand unterfallen der Definitionsnorm insofern als der Staat sich privatrechtlich ausgestalteter Rechtsbeziehungen bedient, wie im Fall des Handelns mittels einer privat-rechtlichen Organisationsform.

Ulmer/Brandner/Hensen, AGB-Kommentar, 4. Aufl. 1982, § 1 AGBG, Rdnrn. 9ff., 73; Staudinger-Schlosser, Kommentar zum BGB, 12. Aufl. 1983, § 1 AGBG, Rdnrn. 2ff.

Das IWF legt seine vorformulierten Lieferbedingungen der gesamten Vermietung, einschließlich des Verkaufs von Filmen und Videobändern gegenüber allen Vertragspartnern zugrunde, ohne dabei die einzelnen Bestimmungen zum Gegenstand etwaiger Vertragsverhandlungen zu machen. Die Lieferbedingungen des IWF sind damit Allgemeine Geschäftsbedingungen, welche grundsätzlich den Wertungen des AGBG unterliegen.

Allerdings erfährt dieser Grundsatz gem. § 24 AGBG gewisse Einschränkungen. So finden die Vorschriften über die Einbeziehung von AGB in den Vertrag, insbesondere auch gegenüber juristischen Personen des öffentlichen Rechts, wie z. B. Hochschulen, keine Anwendung. Ebenso reduziert sich die Klauselkontrolle auf die Generalklausel des § 9 AGBG.

Ulmer/Brandner/Hensen, § 24 AGBG, Rdnr. 17, § 2 AGBG, Rdnrn. 79ff.; Staudinger-Schlosser, § 24 AGBG, Rdnrn. 4, 8; Wolf/Horn/Lindacher, AGB-Kommentar, 1984, § 24 AGBG, Rdnrn. 8ff.

Eine Einbeziehung der Lieferbedingungen in die Verträge zwischen dem IWF und den jeweiligen Hochschulen muß daher nach rechtsgeschäftlichen Regeln beurteilt werden.

3. Einbeziehung der Lieferbedingungen in den Vertrag

Die Einbeziehung von AGB in den Vertrag beruht regelmäßig auf einem Hinweis des Verwenders in seinem Vertragsangebot, das der andere Teil ohne Widerspruch bezüglich der Einbeziehung akzeptiert. Der Hinweis braucht im Gegensatz zu § 2 Abs. 1 S. 1 AGBG nicht ausdrücklich zu sein, sondern kann auch konkludent erfolgen, wenn er – erforderlichenfalls durch Auslegung gem. §§ 133, 157 BGB – als solcher zu verstehen ist. Für die Einbeziehung durch schlüssiges Verhalten bedarf es daher einer erkennbaren Verweisung des Verwenders auf seine AGB und eines Verhaltens des anderen Teils, das bei Würdigung aller Umstände als Einverständnis gewertet werden kann. Ein konkludenter Hinweis kann schon im Abdruck der AGB auf der Rückseite des Angebots gesehen werden. Einen solchen Hinweis wird man jedenfalls dann annehmen müssen, wenn auf die rückseitig abgedruckten AGB auf der Vorderseite deutlich lesbar verwiesen wird.

Ulmer/Brandner/Hensen, § 2 AGBG, Rdnr. 80; Erman-Hefermehl, Kommentar zum BGB, 7. Aufl. 1981, § 2 AGBG, Rdnr. 33; Wolf/Horn/Lindacher, § 2 AGBG, Rdnr. 61; für zusätzlichen Hinweis Staudinger-Schlosser, § 2 AGBG, Rdnr. 17; BGH ZIP 1981, 1220ff.; LG Münster VersR 1980, 100

Im Rahmen laufender Geschäftsbeziehungen gelten AGB auch stillschweigend als vereinbart, wenn bisher stets bei Vertragsschluß auf sie Bezug genommen wurde und die weiteren Verträge für die Geschäftsbeziehung typisch sind.

BGHZ 42, 53 (55); Wolf/Horn/Lindacher, § 2 AGBG, Rdnr. 62

Weist der Verwender die andere Vertragspartei allerdings einmal unmißverständlich darauf hin, daß er alle Verträge künftig nur unter Zugrundelegung seiner AGB schließen will und widerspricht der Kunde nicht, so bedarf es aufgrund dieser Rahmenvereinbarung keiner Bezugnahme auf die AGB bei künftigen Vertragsabschlüssen.
Bei nachträglicher Änderung der AGB sind die geänderten AGB dagegen nicht automatisch Teil der Rahmenvereinbarung, sondern bedürfen der erneuten Einbeziehung.

Bunte, Handbuch der Allgemeinen Geschäftsbedingungen, 1982, S. 63; Ulmer/Brandner/Hensen, § 2 AGBG, Rdnrn. 79ff.; Erman-Hefermehl, § 2 AGBG, Rdnr. 36; Staudinger-Schlosser, § 2 AGBG, Rdnrn. 48, 54f., teilweise enger Münch.Komm.-Kötz, Kommentar zum BGB, 1978, § 2 AGBG, Rdnr. 27

Zwischen dem IWF und ihren Vertragspartnern werden üblicherweise zu Beginn der vertraglichen Beziehungen Rahmenvereinbarungen über die einzubeziehenden AGB geschlossen (vgl. 1. Teil, C.IV.), so daß alle späteren Vertragsabschlüsse, z. B. auch durch fernmündliche Bestellungen, ohne weiteren Hinweis unter Zugrundelegung der AGB zustandekommen. Fehlen solche Rahmenvereinbarungen oder sind sie im Einzelfall nicht wirksam geworden, so bedarf es grundsätzlich eines jeweils neuen Hinweises auf die AGB für deren Einbeziehung.
Dieser Gefahr der Nichteinbeziehung von AGB wollen einige Klauselverwender durch sog. Vertragsabschlußklauseln entgehen. Gebräuchliche Form einer solchen Klausel ist:

Durch die Bestellung erklären sich unsere Vertragspartner mit den Lieferbedingungen einverstanden.

Derartige Vertragsabschlußklauseln modifizieren die Anforderungen der §§ 145ff. BGB bezüglich der Annahmeerklärung durch eine fingierte Zustimmung. Solche Klauseln sind grundsätzlich unbeachtlich. Dies ergibt sich bereits daraus, daß dieser Klausel Wirksamkeit erst nach Abschluß des Vertrages unter Einbeziehung der AGB zukommen kann. Dann bedarf es aber dieser Klausel nicht mehr, da eine wirksame Annahmeerklärung seitens des Vertragspartners Voraussetzung für die Einbeziehung ist.

Ulmer/Brandner/Hensen, § 2 AGBG, Rdnr. 63; Staudinger-Schlosser, § 2 AGBG, Rdnr. 39; Wolf/Horn/Lindacher, § 2 AGBG, Rdnr. 44; Schlosser/Coester-Waltjen/Graba, AGB-Kommentar, 1977, § 2, Rdnr. 67; BGH NJW 82, 1388 (1389).

Eine Einbeziehung der AGB in die Verträge mit dem IWF kann in den Fällen fehlender Rahmenvereinbarung gleichwohl angenommen werden, da die Verträge aufgrund von Bestellungen unter Verwendung von institutseigenen Bestellformularen zustande kommen. Die Bestellformulare des IWF enthalten oberhalb des Unterschriftenfeldes einen deutlichen Hinweis auf die geltenden AGB, die in den Filmtitelkatalogen auf den ersten Seiten neben den Benutzerhinweisen abgedruckt sind. Selbst telefonische Vertragsabschlüsse zwischen dem IWF und dem größten Teil seiner Besteller bedürfen eines ausdrücklichen Hinweises auf die AGB im Einzelfalle nicht mehr, da in diesen Fällen aufgrund der langjährigen Geschäftsbeziehung von einer stillschweigenden Einbeziehung auszugehen ist.

II. Inhalt der vertraglichen Vereinbarungen unter besonderer Berücksichtigung der Lieferbedingungen

1. Auslegungsgrundsätze für Allgemeine Geschäftsbedingungen

Mit Einbeziehung von AGB in den Vertrag entsteht das Bedürfnis, ihren Inhalt zu ermitteln. Die Auslegung von AGB richtet sich grundsätzlich nach den allgemeinen Auslegungsregeln für rechtsgeschäftliche Willenserklärungen im Sinne der §§ 133, 157 BGB. Dabei ist allerdings zu berücksichtigen, daß AGB nicht für einen konkreten Einzelvertrag zu einem bestimmten Kunden, sondern für eine Vielzahl künftiger Vertragsabschlüsse mit einem größeren Kundenkreis konzepiert sind. Diesem Umstand trägt der in ständiger Rechtsprechung bestätigte Grundsatz der objektiven Auslegung von AGB Rechnung.
Der Sinngehalt der AGB-Klauseln ist nach objektiven Maßstäben, unabhängig von dem individuellen Kenntnisstand der Parteien, unter Beachtung der gewählten Ausdrucksweise und ihres wirtschaftlichen Zwecks zu ermitteln. Dabei hat sich die Klauselinterpretation insbesondere auch an dem Grundsatz von Treu und Glauben unter Beachtung der Verkehrssitte zu orientieren. So kommt es auf die Verständnismöglichkeiten durchschnittlich verständiger und redlicher Vertragspartner des jeweilig typischen Kundenkreises an, demgegenüber die AGB benutzt werden.

Ulmer/Brandner/Hensen, § 5 AGBG, Rdnrn. 13–16; Münch.Komm.-Kötz, § 5 AGBG, Rdnrn. 1f.; Wolf/Horn/Lindacher, § 5 AGBG, Rdnrn. 1, 5, 7, 9; Löwe/von Westphalen/Trinkner, Kommentar zum Gesetz zur Regelung des Rechts der Allgemeinen Geschäftsbedingungen, 1977, § 5 AGBG, Rdnr. 5; Koch/Stübing, AGB-Kommentar, 1977, § 5, Rdnrn. 2ff.; BGHZ 77, 116 (118f.); 79, 117 (118f.); NJW 80, 1947; 81, 867 (868); a. A. Staudinger-Schlosser, § 5 AGBG, Rdnrn. 18, 21f.; Emmerich, Die Problematik der Allgemeinen Geschäftsbedingungen, JuS 72, 361, 366

Daneben kann die systematische Stellung einer Klausel innerhalb des Gesamtwerkes bedeutsam sein, so daß bei einem Widerspruch zwischen verschiedenen Klauseln die spezielleren gegenüber den allgemeinen Vorrang genießen.

LG Essen NJW 79, 555; Ulmer/Brandner/Hensen, § 5 AGBG, Rdnr. 16

2. Der Inhalt der verwendeten Lieferbedingungen

Zwischen dem IWF und seinen Geschäftskunden beschränken sich die Individualabreden in den Verträgen in der Regel auf die genaue Bezeichnung der Filme und ihre

Nutzungsdauer. Die gesamten anderen Vertragsmodalitäten sind durch die Lieferbedingungen geregelt, die im Sachverhalt wiedergegeben sind.
Ausgangspunkt einer jeden Untersuchung allgemeiner Geschäftsbedingungen muß ihre Auslegung sein. Hierbei ist zu klären, ob die Klauseln nach ihrem objektiven Erklärungswert mehrdeutig sind, da eine solche Unklarheit gem. § 5 AGBG zu Lasten des Verwenders ginge. Besonderes Augenmerk ist auf die Ziffern 2 und 8 zu richten. Insoweit ist zu untersuchen, ob sie sich nach einer Auslegung widersprechen und wie ein Widerspruch rechtlich zu beurteilen wäre. Der Wortlaut der Klauseln 2 und 8 lautet wie folgt:

2. Die Preise für den Verleih und Verkauf sind aus der jeweils gültigen Preisliste zu ersehen. Die fällige Miete wird den nachstehend genannten Einrichtungen nicht in Rechnung gestellt, wenn die Kopien innerhalb von zwei Wochen (ausschließlich Transportzeit) zurückgesandt werden:
   - Hochschulen

   In der Bundesrepublik Deutschland und West-Berlin:
   - Wissenschaftlichen Instituten, die vom Bund und/oder den Ländern finanziert werden
   - Museen in öffentlicher Trägerschaft
   - Krankenhäusern und Kliniken
   - Schulen
   - Volkshochschulen
8. Erworbene und entliehene Kopien dürfen nur unverändert vorgeführt werden. Die Vervielfältigung und die Überspielung auf andere Bild- und/oder Tonträger – auch teilweise – sowie die entgeltliche oder unentgeltliche Überlassung an Dritte ist nicht gestattet.

Bei näherer Betrachtung der Ziffer 2 der Lieferbedingungen II/79 fällt auf, daß zwei verschiedene juristische Termini für die zeitweise Überlassung der Filme an Dritte gebraucht werden. Zum einen wird das Wort „Verleih" benutzt, zum anderen die Bezeichnungen „Preise" und „fällige Miete". In den nachfolgenden Ziffern 4, 7 und 8 werden nur noch die Begriffe „Entleiher" bzw. „ge- und entliehene Kopien" verwandt.
Vor der Untersuchung eines möglichen Widerspruchs ist also zunächst im Wege der Auslegung zu klären, ob den differierenden Begriffsverwendungen in den Ziffern auch ein unterschiedlicher Erklärungswert beizumessen ist.
Rechtswissenschaftliche Begriffe sind grundsätzlich nach ihrem juristischen Sinngehalt auszulegen. Dies kann allerdings nur dort gelten, wo die Alltagssprache den Begriffen keine abweichende Bedeutung beimißt.

OLG Stuttgart VersR 83, 745; Staudinger-Schlosser, § 5 AGBG, Rdnr. 20; Münch.Komm.-Kötz, § 5 AGBG, Rdnr. 3; Wolf/Horn/Lindacher, § 5 AGBG, Rdnr. 10; Palandt-Heinrichs, § 5 AGBG, Anm. 3

Bei Begriffen, die umgangssprachlich eine klare Bedeutung durch ständig sinngemäß gleiche Verwendung, insbesondere auch im Geschäftsverkehr, haben, ist der allgemeinsprachlichen Bedeutung der Vorrang einzuräumen. Dies muß insbesondere dann gelten, wenn aus dem Gesamtzusammenhang objektiv die alltagssprachliche Bedeutung als die näherliegendere erkennbar ist.

Münch.Komm.-Kötz, § 5 AGBG, Rdnr. 3; Ulmer/Brandner/Hensen, § 5 AGBG, Rdnr. 19; Palandt-Heinrichs, § 5 AGBG, Anm. 3; Erman-Hefermehl, § 5 AGBG, Rdnr. 4; a. A. Wolf/Horn/Lindacher, § 5 AGBG, Rdnr. 10; Staudinger-Schlosser, § 5 AGBG, Rdnr. 20

Die Wörter Verleih und Entleiher deuten zunächst auf eine unentgeltliche Gebrauchsüberlassung im Sinne von § 598 BGB. Dem steht aber entgegen, daß gemäß Ziffer 2 „die Preise für den Verleih . . . aus der jeweils gültigen Preisliste zu ersehen" sind. Es soll sich danach nicht um eine unentgeltliche, sondern um eine entgeltliche Überlassung handeln. Im allgemeinen Sprachgebrauch wird das Substantiv „Leihe" oft im Sinne von Miete gebraucht, wenn ein Geschäft bei entgeltlicher Überlassung von Büchern als Leihbücherei, das gemietete Kfz als Leihwagen und die entgeltliche Benutzung von Filmkopien als Filmleihvertrag bezeichnet werden.

OLG Celle NJW 65, 1667; Erman-Schopp, vor § 535 BGB, Rdnr. 35

Die falsche juristische Bezeichnung schadet auch nicht, wie schon die bekannte Entscheidung des Reichsgerichts zum Haakjøringskød-Fall zeigt. Zwar kann eine richtige Wortdeutung nicht mit der subjektiven Auslegung wie bei Individualvereinbarungen erreicht werden, da AGB gerade objektiv auszulegen sind. Aber eine Auslegung hat nach den Regeln für rechtsgeschäftliche Willenserklärungen, also nach dem für die Beteiligten erkennbaren Sinn einer Erklärung zu erfolgen und die beiderseitigen Interessen nach dem wirtschaftlichen Zweck zu berücksichtigen, so daß die Formulierung Verleih und die in den folgenden Ziffern daran anknüpfenden Bezeichnungen der Annahme eines Mietvertrages nicht entgegenstehen.

Münch.Komm.-Kötz, § 5 AGBG, Rdnr. 1; Wolf/Horn/Lindacher, § 5 AGBG, Rdnr. 7; RGZ 99, 147 ff. (Haakjøringskød-Fall); BGHZ 18, 311 (317 f.)

Der ausnahmslose Verzicht auf Miete für die ersten zwei Wochen der Nutzung gegenüber bestimmten Einrichtungen legt eine Auslegung der Verträge mit Hochschulen als Leihverträge allerdings nahe.
Zwar ist die Nutzung von Filmen innerhalb der ersten zwei Wochen durch bestimmte Einrichtungen unentgeltlich und zwar auch dann, wie sich aus der Anmerkung zu Ziffer 2 ergibt, wenn diese Frist überschritten wird. In diesen Fällen berechnet das IWF eine Miete nur für jenen Zeitraum, der die 2-Wochen-Frist überschreitet. Diese Praxis steht aber im Widerspruch zur Formulierung in Ziffer 2, wonach die fällige Miete nur dann nicht entstehen soll, wenn die Filme innerhalb von zwei Wochen zurückgesandt werden. Dem entspräche auch der wirtschaftliche Sinn und Zweck, nämlich eine zügige Rückgabe der Kopien durch den Anreiz der Unentgeltlichkeit bei Einhaltung der 2-Wochen-Frist und damit eine hohe Vergabehäufigkeit an andere Interessenten zu ermöglichen.
Die Auslegung von Ziffer 2 aus der Sicht der Geschäftskunden muß primär vom Sinn der Erklärung ausgehen. Danach konnten die Kunden die Ziffer 2 nur in der Weise verstehen, daß das Wort „Leihe" (vgl. oben) in untechnischem Sinne gebraucht wird, da im selben Satz ein Verweis auf die gültigen Preislisten enthalten ist, sowie der folgende Satz mit den Worten „die fällige Miete" beginnt.
Der Verzicht des IWF auf die Miete für die ersten zwei Wochen spricht auch nicht gegen die Annahme eines Mietverhältnisses. In diesem Verzicht ist vielmehr nur das Angebot auf Abschluß eines Erlaßvertrages gem. § 397 BGB zu sehen, das durch Rücksendung der Kopien innerhalb von zwei Wochen bzw. durch Zahlung des Mietzinses für die Mietzeit nach den zwei Wochen angenommen wird.

Unter Berücksichtigung der gesamten Aspekte ergibt eine Auslegung von Ziffer 2, daß es sich bei den Vertragsabschlüssen zwischen dem Institut für den wissenschaftlichen Film und den in Ziffer 2 genannten Einrichtungen dem Grunde nach um Mietverträge handelt. Damit ist für eine Anwendbarkeit der Unklarheitenregel des § 5 AGBG auf Ziffer 2 der Lieferbedingungen kein Raum mehr.
Ziffer 8 steht einer solchen Auslegung von Ziffer 2 nicht entgegen, da unter Ziffer 8 eindeutig nur der Umfang der überlassenen Nutzungsrechte geregelt wird. Inwieweit ein Widerspruch vom Sinn der Regelungen aus Ziffer 2 und 8 folgt, ist keine Frage der Auslegung, sondern der Inhaltskontrolle.

III. Unwirksamkeit bzw. Vernichtbarkeit der Verträge oder einzelner Klauseln

1. Überprüfung möglicher Nichtigkeitsgründe

Die Durchsetzung einer Rechtsposition, welche auf einem Rechtsgeschäft beruht, wie hier der vertragliche Ausschluß einer gesetzlich eingeräumten Nutzungsbefugnis, kann nur erfolgen, wenn dem Rechtsgeschäft Wirksamkeit beschieden ist. Treten die beabsichtigten Rechtsfolgen nicht ein, weil ihnen die Rechtsordnung die Geltung versagt, ist das Rechtsgeschäft nichtig und vermag keine Ansprüche zu begründen oder Befugnisse aus dispositivem Recht zu beschränken.

Larenz, Allgemeiner Teil des deutschen Bürgerlichen Rechts, 6. Aufl. 1983, S. 444

Das deutsche BGB kennt im wesentlichen 4 Gruppen von Nichtigkeitsgründen. Sie betreffen das rechtsgeschäftliche Handeln als solches, ihre Zuständigkeit und schließlich den Rechtsgeschäftsakt, sowie den Inhalt des Rechtsgeschäfts.

Flume, Allgemeiner Teil des Bürgerlichen Rechts, 2. Band, 1965, S. 549

Betrifft ein Nichtigkeitsgrund nur einen Teil des Rechtsgeschäfts, so ordnet § 139 BGB gleichwohl im Zweifel die Gesamtnichtigkeit an. Davon macht allerdings § 6 Abs. 1 AGBG für AGB-Klauseln eine Ausnahme, indem er bei Nichtigkeit einiger Klauseln dem Vertrag als solchem die Wirksamkeit beläßt. Dies setzt voraus, daß nach Wegfall der ungültigen AGB ein durch Vertragsauslegung ergänzungsfähiger bzw. durch dispositives Gesetzesrecht auffüllbarer Restvertrag verbleibt. Ansonsten tritt auch hier Gesamtnichtigkeit ein.

Wolf/Horn/Lindacher, § 6 AGBG, Rdnr. 21

Nichtigkeit des Rechtsgeschäfts ist die Antwort des BGB-Gesetzgebers auf eklatante Verstöße gegen Grundprinzipien bzw. Verbote des Rechts oder die Außerachtlassung der gehörigen Form bei Vertragsschluß. Die Verträge zwischen dem IWF und den Hochschulen über die zeitweise Gebrauchsüberlassung von Filmen im Rahmen der laufenden Geschäftsbeziehungen lassen für derartige Wirksamkeitshindernisse keine Anhaltspunkte erkennen. Insbesondere würde die Behauptung eines Widerspruchs zwischen Ziffer 2 und 8 keinen Nichtigkeitsgrund in Form einer Perplexität darstellen, da sich beide Ziffern in ihrem Regelungsgehalt und ihren Rechtsfolgen nicht ausschließen, noch diese unmöglich wären.

2. *Überprüfung der Vernichtbarkeit durch Anfechtung*

Die Einbeziehung von AGB in den Vertrag basiert wie allgemein das Zustandekommen eines Vertrages auf den rechtsgeschäftlichen Grundsätzen des BGB.

Loewenheim, Irrtumsanfechtung bei Allgemeinen Geschäftsbedingungen, AcP 180 (1980), S. 433 (499), Ulmer/Brandner/Hensen, § 2 AGBG, Rdnrn. 18, 22

Soweit eine AGB-Verwendung gegenüber Kaufleuten und juristischen Personen des öffentlichen Rechts erfolgt, bedarf diese Aussage auch keiner Modifikation im Hinblick auf § 2 AGBG. Kommt ein Vertrag mit AGB nach Rechtsgeschäftsprinzipien zustande, so müssen grundsätzlich auch alle anderen Vorschriften über das Zustandekommen von Verträgen, z. B. die Anfechtungsvorschriften gem. §§ 119ff. BGB, anwendbar sein. Ein einmal wirksamer Vertrag kann daher bei Irrtum über die AGB durch Anfechtung mit Rückwirkung beiseitigt werden, so daß eine darauf gestützte Rechtsposition ebenso hinfällig wird. Dabei muß der Irrtum des Kunden von dem des Verwenders unterschieden werden. Hierbei ist wiederum eine Differenzierung zwischen Irrtümern hinsichtlich der Einbeziehung und hinsichtlich des Inhalts von AGB nötig.

a. Irrtümer des Kunden

aa. Irrtum hinsichtlich der Einbeziehung von AGB. Relevante Irrtümer über die Einbeziehung dürften aber recht selten sein, da ein Übersehen des Hinweises bezüglich der Verwendung von AGB auf dem Bestellformular ebensowenig zur Anfechtung berechtigt wie das Unterschreiben ungelesener Urkunden. Anerkanntermaßen stellt nämlich eine fehlende Vorstellung des Kunden über die Einbeziehung von AGB keinen relevanten Anfechtungsgrund dar, da Irrtum als Inkongruenz zwischen Erklärtem und Gewolltem definiert ist.

Loewenheim, AcP 180 (1980), S. 440; Erman-Hefermehl, § 2 AGBG, Rdnr. 21; Ulmer/Brandner/Hensen, § 2 AGBG, Rdnr. 13; Palandt-Heinrichs, vor § 8 AGBG, Anm. 4f.; im Ergebnis auch Schlosser/Coester-Waltjen/Graba, § 2 AGBG, Rdnr. 66; Medicus, Bürgerliches Recht, 11. Aufl. 1983, Rdnrn. 123, 125

Ein solcher Irrtum der Vertragspartner des IWF über die Einbeziehung der AGB ist regelmäßig ausgeschlossen, da die Bestellformulare einen deutlichen Hinweis auf die Geltung enthalten.

bb. Irrtum hinsichtlich des Inhaltes der AGB. Eine Irrtumsanfechtung über den Inhalt muß logischerweise auch auf konkreten Fehlvorstellungen über die AGB basieren. Versteht der Kunde einzelne Klauseln falsch, d. h. verbindet er mit den Klauseln unrichtige Vorstellungen über die Rechtsfolgen, so läßt die herrschende Meinung eine Anfechtung prinzipiell zu.

Vgl. Loewenheim, AcP 180 (1980), S. 445 m.w.N. in Fn. 50

Hier wäre der Einwand denkbar, daß der Kunde die Ziffer 2 der Lieferbedingungen als eine sinngemäße Einschränkung der Anwendbarkeit der Ziffer 8 auffaßt. Denn angesichts der heutigen technischen Möglichkeiten zur preiswerten Vervielfältigung von Filmmaterial mittels Videogeräten könnten die Versandkosten im Verhältnis zu den geringen Vervielfältigungskosten eine unnötige Belastung des jeweiligen Hochschuletats darstellen, das Vervielfältigungsverbot mithin gegen Sinn und Zweck des mit öffentlichen Mitteln eingerichteten und geförderten Instituts verstoßen. Der Kunde könnte daher anführen, er habe die Ziffer 8 nicht als Einschränkung seiner gesetzlichen Vervielfältigungsbefugnis gem. §§ 53, 54 UrhG verstanden.
Mit einer solchen nachträglichen rechtlichen Beurteilung würden jedoch die einzelnen Klauseln in ihrem Erklärungswert nicht angezweifelt, sondern mittels externer Aspekte – hier den Aufgaben des Instituts – eine Einschränkung gesucht. Deshalb könnte hiermit eine Anfechtung wegen Inhaltsirrtums nicht begründet werden.
Denkbar wäre auch der Einwand des Kunden, er habe sich wegen der unterschiedlichen Verwendung der Begriffe „Leihe" und „Miete" in den Lieferbedingungen über den Vertragstyp und damit den Inhalt des Vertragsverhältnisses geirrt. Wie jedoch die Auslegung der Vertragsklauseln (vgl. 1. Teil, 2. Abschnitt, A.II.2.) zeigt, ist diese Begriffsdifferenzierung lediglich eine Folge der umgangssprachlichen Begriffsverwendungen. Der eindeutige Erklärungsgehalt der Klauseln wird dadurch nicht beeinträchtigt. Angesichts der zu unterstellenden Rechtskenntnisse bei den Beteiligten dürfte somit auch hierin regelmäßig kein Grund zur Irrtumsanfechtung liegen.
Für weitere Irrtümer der Kunden über den Inhalt der vorliegenden Lieferbedingungen sind – von hier nicht zu untersuchenden, spezifischen Einzelfällen abgesehen – keine Anhaltspunkte ersichtlich.

b. Irrtümer des AGB-Verwenders

Die Irrtümer des Verwenders lassen sich im Prinzip nach denselben Regeln lösen. Allerdings muß eine Einschränkung insoweit vorgenommen werden als die Rechtsfolgenanordnung des § 6 AGBG unterlaufen würde.

Vgl. Ulmer/Brandner/Hensen, § 6 AGBG, Rdnrn. 14ff.; Loewenheim, AcP 180 (1980), S. 446ff.

Für solche Irrtümer sind hier keine Gründe ersichtlich.
Eine Anfechtung der Verträge zwischen dem IWF und den Universitäten kommt folglich nicht in Betracht.

3. Die Unwirksamkeit von AGB-Klauseln wegen unangemessener Benachteiligung

Allgemeine Geschäftsbedingungen unterliegen aufgrund ihres Charakters einer besonderen inhaltlichen Kontrolle. Ihre Geltung kann nicht schon mit der Einbeziehung in den Vertrag und der Feststellung eines fehlenden Verstoßes gegen die für alle Rechtsgeschäfte geltenden Verbote bejaht werden, sondern sie müssen auch der inhaltlichen Überprüfung anhand der §§ 9–11 AGBG standhalten.

Schlosser/Coester-Waltjen/Graba, Vorbem. zu §§ 9–11 AGBG, Rdnr. 1; Ulmer/Brandner/Hensen, § 9 AGBG, Rdnr. 1

Diese Inhaltskontrolle reduziert sich bei Klauselverwendung gegenüber juristischen Personen gem. § 24 S. 1 Nr. 2 AGBG auf die Anwendbarkeit der Generalklausel des § 9 AGBG.

In § 9 AGBG heißt es:

(1) Bestimmungen in Allgemeinen Geschäftsbedingungen sind unwirksam, wenn sie den Vertragspartner des Verwenders entgegen den Geboten von Treu und Glauben unangemessen benachteiligen.
(2) Eine unangemessene Benachteiligung ist im Zweifel anzunehmen, wenn eine Bestimmung
1. mit wesentlichen Grundgedanken der gesetzlichen Regelung, von der abgewichen wird, nicht zu vereinbaren ist, oder
2. wesentliche Rechte oder Pflichten, die sich aus der Natur des Vertrages ergeben, so einschränkt, daß die Erreichung des Vertragszwecks gefährdet ist.

Diese generalklauselartige Umschreibung der Nichtigkeitsgründe soll durch einen Blick auf die geschichtliche Entwicklung des Rechts der Allgemeinen Geschäftsbedingungen verdeutlicht werden.

a. Geschichtliche Entwicklung des Rechts der Allgemeinen Geschäftsbedingungen
Das relativ junge Gesetz zur Regelung des Rechts der Allgemeinen Geschäftsbedingungen vom 9. 12. 1976 stellt in seinen wesentlichen Teilen die positivrechtliche Grundlage der durch die Rechtsprechung entwickelten offenen Inhaltskontrolle dar. Schon im vorigen Jahrhundert brachte die wirtschaftliche Ausweitung mit dem beginnenden Massenverkehr die erste nennenswerte Verwendung von AGB hervor.

Raiser, Recht der allgemeinen Geschäftsbedingungen, 1935, S. 26ff.

Demzufolge mußte sich die Rechtsprechung schon früh mit den Problemen der allgemeinen Geschäftsbedingungen auseinandersetzen. Das Reichsgericht hatte sich erstmals im Jahre 1883 mit einer seerechtlichen Freizeichnungsklausel zu befassen. Dort sah es noch keine Möglichkeit der „Einschränkung der Vertragsfreiheit“.

RGZ 11, 100 (110)

Aber schon 4½ Jahre später prüft das RG in einem Urteil vom 11. 2. 1888 die Unwirksamkeit einer Klausel wegen Verstoßes gegen die guten Sitten. Hierbei führt es zum ersten Mal den Gedanken der Sittenwidrigkeit wegen Ausnutzung einer Monopolstellung ein. Auch bei den späteren Entscheidungen werden Sittenwidrigkeit und Verstöße gegen Treu und Glauben zur Kontrolle von AGB herangezogen. Allerdings beschränkt das RG diese Inhaltskontrolle bis zuletzt auf die sittenwidrige Ausnutzung einer Monopolstellung. Damit enthält sich das RG aber noch einer offenen Inhaltskontrolle von AGB, sondern das Gericht wählt als Ansatzpunkt für die Nichtigerklärung die Art der Durchsetzung der AGB durch deren Verwender.

RGZ 20, 115 (117); 39, 117 (179); 48, 114 (127); 62, 264 (266); 99, 107 (109); 102, 396 (397); 103, 82 (83); 143, 24 (28); 168, 321 (329); Raiser, S. 283

Mit der im Jahre 1935 erschienenen Monographie von Ludwig Raiser waren die Grundlagen für eine offene Inhaltskontrolle durch ihre Rechtfertigung aufgrund der einseitigen Gestaltung des Vertragsinhalts gelegt. Mit der grundlegenden Entscheidung des BGH vom 29. 10. 1956 werden die Gedanken Raisers aufgenommen und § 242 BGB als Ausgangspunkt für eine Inhaltskontrolle angeführt.

BGHZ 22, 90 (97ff.); vgl. zu den Grundlagen Raiser, S. 277ff.

Die offene Inhaltskontrolle am Maßstab von Treu und Glauben setzt sich in ständiger Rechtsprechung weiter fort und wird im Jahre 1974 in folgende Grundsätze gefaßt

„... muß derjenige, der durch die Aufstellung und Verwendung von Allgemeinen Geschäftsbedingungen und umfangreichen Formularverträgen die Vertragsfreiheit allein für sich in Anspruch nimmt, von vornherein die Interessen seiner künftigen Geschäftspartner angemessen berücksichtigen. Maßstab für die Angemessenheit der einzelnen Klauseln sind dabei – soweit vorhanden – die Vorschriften des dispositiven Rechts. Entsprechen sie nicht nur Zweckmäßigkeitserwägungen, sondern einem sich aus der Natur der Sache ergebenden Gerechtigkeitsgebot, so müssen gewichtige Gründe vorliegen, die eine abweichende Regelung durch Allgemeine Geschäftsbedingungen als noch mit Recht und Billigkeit vereinbar erscheinen lassen.“

BGH NJW 75, 163 (164)

In diese Zeit fallen auch die ersten Vorbereitungen für die Schaffung eines AGB-Gesetzes. Die am 27. 11. 1972 eingesetzte Arbeitsgruppe legte im März 1974 einen ersten Teilbericht vor. Dieser wurde ohne große Änderungen zum ersten Referentenentwurf. Der Entwurf enthielt bereits das Grundsystem des jetzigen AGBG mit den Verschärfungen der Einbeziehungsvoraussetzungen, eine Klauselliste mit und ohne Wertungsmöglichkeit und eine Generalverbotsklausel.

Schlosser/Coester-Waltjen/Graba, vor § 1 AGBG, Rdnrn. 2f.

Auch der Regierungsentwurf aus dem Jahre 1975 brachte keine wesentlichen Änderungen. § 2 des RegE über die Einbeziehung in den Vertrag wurde unter Berücksichtigung der aufkommenden Kritik umgestaltet. Der Klauselverbotskatalog in den §§ 8, 9 RegE hatte eine etwas entschärfte Fassung. Die Ausarbeitungen über einen Verfahrensteil wurden dann in Form begründeter Thesen als zweiter Teilbericht vorgelegt. In der anschließenden Phase der Entstehungsgeschichte des Gesetzes überstürzten sich die Dinge. Die CDU/CSU-Fraktion brachte einen eigenen Entwurf ein, der sich zwar deutlich an den ersten Teilbericht der Arbeitsgruppe anlehnte, aber in der Generalklausel (§ 7 Abs. 1 CDU/CSU-Entwurf) AGB nur für unwirksam hielt, wenn sie dem Verwender „entgegen den Anforderungen, die Treu und Glauben mit Rücksicht auf die Verkehrssitte an die ausreichende Berücksichtigung auch der Interessen des anderen Vertragspartners stellen, einen unangemessenen Vorteil verschaffen sollen“.
Nach § 7 RegE sollte die Wirksamkeit von AGB hingegen davon abhängen, ob die beiderseitigen Interessen angemessen ausgeglichen werden. Die endgültige Fassung der Generalklausel ist ein Kompromiß, der erst in den Beratungen des Rechtsausschusses des Bundestages zustandekam. Im Ausschußbericht wird dazu ausgeführt, daß das Gebot eines angemessenen Interessenausgleichs zwar als solches richtig sei, aber nicht den Interessen des Rechtsverkehrs bezüglich eindeutiger Bestimmung der

Wirksamkeit von AGB gerecht werden könne. Das Kriterium der „unangemessenen Benachteiligung" bringe hingegen klar zum Ausdruck, daß „eine Benachteiligung von erheblicherem Gewicht vorliegen" müsse.

Regierungsentwurf, BT-Drucks. 7/3919; CDU/CSU-Entwurf, BT-Drucks. 7/3200, S. 3; endgültige Fassung, BT-Drucks. 7/5412; Ausschußbericht, BT-Drucks. 7/5422; zum Ganzen Schlosser/Coester-Waltjen/Graba, vor § 1 AGBG, Rdnr. 6

Damit wird deutlich, daß durch § 9 AGBG nicht jede für den Verwender günstige Klausel unwirksam wird. Vielmehr sollte mit § 9 AGBG die positiv-rechtliche Grundlage geschaffen werden, ganz erhebliche Verschiebungen der gesetzlichen Regelung einseitig zu Lasten einer Partei zu verhindern.

b. Betrachtung der Lieferbedingungen im einzelnen

Die Kontrolle von allgemeinen Vertragsbedingungen dient der Vorbeugung der Gefahr, daß AGB ausschließlich oder übermäßig auf die Interessen des Verwenders zugeschnitten sind und Regelungen enthalten, die inhaltlich der nach Treu und Glauben gebotenen Rücksichtnahme auf die Interessen des Vertragspartners nicht ausreichend gerecht werden.

Daraufhin sind die Vertragsbedingungen einzeln und in ihrem Gesamtzusammenhang zu untersuchen, da die einzelne Klausel zwar für sich genommen die Inhaltskontrolle passieren, aber in einer Summierungswirkung mit anderen Vertragsteilen eine unangemessene Benachteiligung hervorrufen könnte.

aa. Ziffer 2 der Lieferbedingungen: Die Preise für den Verleih und Verkauf sind aus der jeweils gültigen Preisliste zu ersehen. Die fällige Miete wird den nachstehend genannten Einrichtungen nicht in Rechnung gestellt, wenn die Kopien innerhalb von zwei Wochen (ausschließlich Transportzeit) zurückgesandt werden:

- Hochschulen

In der Bundesrepublik Deutschland und West-Berlin:

- Wissenschaftlichen Instituten, die vom Bund und/oder den Ländern finanziert werden
- Museen in öffentlicher Trägerschaft
- Krankenhäusern und Kliniken
- Schulen
- Volkshochschulen

Die Ziffer 2 der Lieferbedingungen des IWF beinhaltet, wie sich aus der Auslegung der Klausel ergeben hat, verschiedene Regelungen. Zum einen verweist Satz 1 auf die jeweils gültigen Preislisten für die Vermietung und den Verkauf von Filmen. Zum anderen beinhaltet Satz 2 für dort aufgezählte Einrichtungen das Angebot auf Erlaß der fälligen Miete für die ersten zwei Wochen.

Der Verweis auf die gültigen Preislisten hat keinen wertenden Charakter, sondern ist nur Hinweis auf die geltenden Preise, welche üblicherweise von Anbietern einer Leistung oder Ware bestimmt werden. Die Höhe des Preises spielt nur insoweit eine Rolle, als eine Abhängigkeit zwischen Preis und Haftungsrisiko besteht. Eine solche Preis-Risiko-Abhängigkeit ist nicht ersichtlich.

Vgl. Locher, Das Recht der Allgemeinen Geschäftsbedingungen, 1980, S. 107; Schlosser/Coester-Waltjen/Graba, § 9 AGBG, Rdnr. 54; Ulmer/Brandner/Hensen, § 9 AGBG, Rdnrn. 77f.; Koch/Stübing, § 9 AGBG, Rdnr. 27; Palandt-Heinrichs, § 9 AGBG, Anm. 2b; BGHZ 22, 90 (98)

Durch den Erlaß einer Forderung wird der Schuldner ausschließlich begünstigt. Das Verfügungsgeschäft Erlaß führt zum automatischen Erlöschen der Schuld. Dieser einseitige Rechtsverlust kann den Begünstigten folglich auch nicht i. S. v. § 9 Abs. 1 AGBG unangemessen benachteiligen.

Erman-Westermann, § 397 BGB, Rdnrn. 1, 7; Münch.Komm.-von Feldmann, § 397 BGB, Rdnrn. 1, 5

bb. Ziffer 3 der Lieferbedingungen: Der Besteller trägt die Versandkosten.

Diese Regelung stellt eine Verteilung von Pflichten aus dem Vertrag dar, nämlich die Kostentragungspflicht für den Transport durch den Besteller. Die Aufbürdung von Kosten ist zweifelsfrei für den zur Zahlung Verpflichteten nachteilig. Doch kann daraus noch nicht auf eine unangemessene Benachteiligung geschlossen werden. Vielmehr ist zu fragen, wie diese Kosten nach den Grundgedanken der gesetzlichen Regelung gem. § 9 Abs. 2 Nr. 1 AGBG zu verteilen wären.
In § 269 Abs. 1 und 2 BGB ist als Leistungsort der Wohnsitz bzw. die Niederlassung des Schuldners genannt. Ohne eine vertragliche Vereinbarung wäre damit der gesetzliche Leistungsort des IWF Göttingen. Diese Entscheidung des Gesetzgebers gegen die Annahme einer Bringschuld unterstützt auch § 269 Abs. 3 BGB, der selbst bei Übernahme der Versendungskosten durch den Schuldner darin keine Änderung des Leistungsortes sieht. Besteht keine Individualvereinbarung über die Transportkosten, so gilt der Grundsatz, daß der Schuldner die Kosten zu tragen hat, die anfallen, um den Leistungsgegenstand am Leistungsort erfüllungsgerecht anzubieten. Die Versendungskosten ab Erfüllungsort hat hingegen der Gläubiger zu tragen. Diese Entscheidung wird für den Versendungskauf noch einmal in § 448 BGB ausdrücklich erwähnt.

Larenz, Schuldrecht, Band 1, 13. Aufl. 1982, 180f.; Palandt-Heinrichs, § 269 BGB, Anm. 3, 9; Palandt-Putzo, § 433 BGB, Anm. 4h, § 448 BGB, Anm. 1–3; Erman-Sirp, § 269 BGB, Rdnr. 13; Erman-Weitnauer, § 448 BGB, Rdnrn. 1f.; Münch.Komm.-Keller, § 269 BGB, Rdnrn. 4f.; Staudinger-Köhler, § 448 BGB, Rdnrn. 1f.

Es kann aber auch für andere Schuldverhältnisse grundsätzlich nichts anderes gelten, da der Schuldner mit dem Angebot der Leistung am Erfüllungsort seine Pflicht erfüllt.
Damit widerspricht die Kostenverteilung der Ziffer 3 nicht der gesetzlichen Regelung. Eine unangemessene Benachteiligung gem. § 9 Abs. 1 AGBG, insbesondere i. V. m. Abs. 2 Nr. 1 liegt darin nicht.

cc. Ziffer 7 der Lieferbedingungen: Die gekauften und geliehenen Kopien dürfen nur im Bildungsbereich sowie nur in nicht-öffentlichen und nicht-gewerblichen Vorführungen gezeigt werden.

Diese Klausel regelt den Umfang der Nutzungsmöglichkeit der Kopien hinsichtlich des Personenkreises und des Zwecks der Vorführung. Ob die Beschränkung der Vorführung auf den nicht-öffentlichen und nicht-gewerblichen Bildungsbereich zu einer

Benachteiligung führt, hängt von der Frage ab, wie die gesetzliche Regelung aussieht, und ob durch die Ziffer 7 von deren Grundgedanken abgewichen worden ist (§ 9 Abs. 2 Nr. 1 AGBG).

Das Urheberrechtsgesetz von 1965 geht davon aus, daß der Urheber als Schöpfer des Werkes umfassend zu schützen sei. So räumt es ihm das Bestimmungsrecht darüber ein, ob und wie er sein Werk veröffentlichen will (§ 12 UrhG). Daneben soll auch die Verwertung seines Werkes nach der gesetzlichen Regelung (§ 15 UrhG) dem Urheber überlassen bleiben. Insbesondere steht es ihm frei, das Original oder Vervielfältigungsstücke der Öffentlichkeit anzubieten (§ 17 UrhG) oder vorzuführen (§ 19 Abs. 4 UrhG).

Diese verschiedenen Nutzungsrechte kann der Urheber durch Vertrag auf andere – auch juristische – Personen übertragen, so daß diese die übertragenen Rechte entsprechend wahrnehmen können. Dabei ist es ihm möglich, die einzelnen Nutzungsrechte räumlich, zeitlich oder inhaltlich zu beschränken. Diese Möglichkeit steht aber auch den Nutzungsberechtigten zu.

v. Gamm, § 12 UrhG, Rdnrn. 3, 6; § 19 UrhG, Rdnrn. 14ff.; Fromm/Nordemann, § 12 UrhG, Rdnr. 2, § 15 UrhG, Rdnr. 3; Nirk, Gewerblicher Rechtsschutz, 1981, S. 122ff.; BGHZ 15, 249 (257ff.)

Das IWF hat, wie die Ausführungen im 1. Abschnitt, unter A.II. und III. zeigen, an den gesamten Filmen einfache oder ausschließliche Nutzungsrechte. Die Beschränkung der schuldrechtlichen Nutzungsmöglichkeiten durch Ziffer 7 entspricht folglich der gesetzlichen Regelung, die davon ausgeht, daß einzelne Rechte abgespalten und beschränkt werden können.

Dem stehen auch nicht die §§ 53f. UrhG entgegen. Diese Bestimmungen beschränken zwar das Urheberrecht insoweit, als ein Verbotsrecht in die Privatsphäre hineinreicht, welches auch gegenüber einem Nutzungsberechtigten gilt, aber diese Beschränkungen berühren das Verbreitungs- und Vorführungsrecht nicht, soweit es die öffentliche Wiedergabe betrifft. Demgemäß gibt es zwischen Ziffer 7 und den §§ 53f. UrhG keine Reibungspunkte.

Fromm/Nordemann, § 53 UrhG, Rdnrn. 3, 7; Nirk, S. 129; v. Gamm, § 53 UrhG, Rdnr. 3; Möhring/Nicolini, § 53 UrhG, Anm. 4

Angesichts der Übereinstimmung zwischen der gesetzlichen Regelung, dem Urheber sowie dem Nutzungsberechtigten die Möglichkeit einzuräumen, die öffentliche Vorführung beliebig zu beschränken, und dem Inhalt der Ziffer 7 ist § 9 Abs. 2 Nr. 1 AGBG nicht einschlägig. Ebensowenig kann in Ziffer 7 der Lieferbedingungen eine Einschränkung von wesentlichen Rechten gem. § 9 Abs. 2 Nr. 2 AGBG oder eine unangemessene Benachteiligung gem. § 9 Abs. 1 AGBG gesehen werden, da das Filmmaterial primär für Unterrichts- und Wissenschaftszwecke geeignet ist. Eine weitergehende Nutzungsbefugnis kann von den Vertragspartnern des IWF also vernünftigerweise nicht erwartet werden.

dd. Ziffer 8 der Lieferbedingungen: Erworbene und entliehene Kopien dürfen nur unverändert vorgeführt werden. Die Vervielfältigung und die Überspielung auf andere Bild- und/oder Tonträger – auch teilweise – sowie die entgeltliche oder unentgeltliche Überlassung an Dritte ist nicht gestattet.

Satz 1 stellt ein Änderungsverbot für gekaufte und gemietete Kopien dar. Bei den gemieteten Videos und Filmen leuchtet es unmittelbar ein, daß der Mieter nicht befugt ist, Veränderungen eigenmächtig vorzunehmen. Dies ergibt sich auch aus der gesetzlichen Regelung der §§ 535, 548, 550, 823 Abs. 1 BGB. Dem Änderungsverbot könnten die Mieter von Filmen freilich auch nicht dadurch entgehen, daß sie sich auf die §§ 53, 54 UrhG beriefen und dann ihre gezogenen Kopien änderten, um keine Eigentumsverletzung zu begehen. Diese Gefahr der Beeinträchtigung von Urheberrechten hat der Gesetzgeber gesehen und daher die Ausnahmevorschriften des 6. Abschnitts, unter anderem auch die §§ 53, 54 UrhG, durch ein gesetzliches Änderungsverbot in § 62 UrhG bezüglich der darauf gestützten Vervielfältigungen beschränkt.

Palandt-Putzo, § 535 BGB, Anm. 2; § 548 BGB, Anm. 2; § 550 BGB, Anm. 2; Fromm/Nordemann, § 62 UrhG, Rdnr. 1; Hubmann, Urheberrecht, S. 164f.

Das Änderungsverbot in Ziffer 8 Satz 1 verstößt hinsichtlich der vermieteten Kopien deshalb nicht gegen die gesetzliche Regelung, sondern muß geradezu im Sinne einer Ausfüllung gesetzlicher Rechte verstanden werden. Die rechtliche Beurteilung ergibt in Bezug auf verkaufte Vervielfältigungsstücke nichts anderes, da der Kunde nicht weiter in seinen Rechten beschränkt wird, als es die Rechtslage nach dem Urheberrechtsgesetz gegenüber dem Urheber selbst ergeben würde. Damit führt sowohl § 9 Abs. 2 Nr. 1 AGBG als auch Abs. 2 Nr. 2 und Abs. 1 AGBG nicht zu einer Unwirksamkeit von Ziffer 8 Satz 1 der Lieferbedingungen.
Durch Ziffer 8 Satz 2 wird den Vertragspartnern des IWF jegliche Vervielfältigung bzw. Überspielung von Filmen und Videos untersagt. Daneben soll auch eine Überlassung an Dritte in jeglicher Form verboten sein.
Dieses umfangreiche Verbot könnte unter dem Gesichtspunkt von § 9 Abs. 2 Nr. 1 AGBG, also dem Verstoß gegen wesentliche Grundgedanken der gesetzlichen Regelung, problematisch sein. Denn die §§ 53, 54 UrhG lassen im Interesse der Allgemeinheit eine Vervielfältigung des Werkes auch ohne Zustimmung des Urhebers oder Nutzungsberechtigten zu.
Grundsätzlich sind im Rahmen der Vertragsfreiheit Einschränkungen dieser Art durch Individualvereinbarung in einem Vertrag gegenüber den jeweiligen Vertragspartnern zulässig.

Constantin, (s. S. 18) S. 43f.

Fraglich ist nur, ob dies auch durch AGB geschehen kann. Eine Beantwortung dieser Problematik läßt sich nur erreichen, wenn die Grundgedanken der gesetzlichen Regelung und die gegensätzlichen Interessen – einerseits des Urhebers an einem ausschließlichen Herrschaftsrecht und andererseits der Allgemeinheit, an dem geistigen Werk partizipieren zu können – beleuchtet werden.
Das Urheberrecht ist ein absolutes Recht und unterliegt als solches im Rahmen der Sozialgebundenheit den Schranken, die im Interesse der Allgemeinheit nötig sind. Die sachgemäße Abgrenzung zwischen dem berechtigten Interesse der Allgemeinheit, wie die Freiheit des geistigen Schaffens und ungehinderter Zugang zu den Kulturgütern, und dem Eigentums- bzw. Verwertungsinteresse des Urhebers wurde schon in der Gesetzesbegründung zum Urheberrechtsgesetz von 1965 als schwieriges Kern-

problem der gesetzlichen Regelung erkannt. Zum einen hielt man die alte gesetzliche Regelung in den §§ 15 Abs. 2, 22a, 27 LUG, 18 KUG für zu weit. Zum anderen sah man die Problematik der fortschreitenden Technisierung, die eine Vervielfältigung unproblematisch und billig in Zukunft ermöglichen würde. Daher entschied sich der Gesetzgeber dafür, die Beschränkungen des Urheberrechts enger zu ziehen und Einschränkungen des Verbotsrechts des Urhebers durch einen Vergütungsanspruch abzumildern. Eine generelle Aufgabe von Beschränkungen hielt er nicht für durchführbar, da sich in der Praxis, insbesondere anhand der privaten Nutzung von Magnettonbandgeräten, zeigte, daß dem Urheber die Durchsetzung seiner Ansprüche auch über die Gema nicht hinreichend möglich war. Als einzige praktikable Lösung blieb eine Abgabepflicht für die Gerätehersteller übrig.

Vgl. zur Entwicklung nur Möhring/Nicolini, § 53 UrhG, Anm. 1a

Diese Wertung des Gesetzgebers billigte auch das Bundesverfassungsgericht in einer Entscheidung zu § 46 UrhG. Art. 14 Abs. 1 S. 1 GG gewährleiste zwar das Privateigentum als Rechtsinstitut, was bedeute, daß die grundsätzliche Zuordnung des vermögenswerten Ergebnisses der schöpferischen Leistung und die Freiheit, in eigener Verantwortung darüber verfügen zu können, dem Urheber zustehe. Dieser Grundsatz könne aber auch Beschränkungen unterliegen.
Die Einschränkung des Urheberrechts sei ein Eingriff in die Rechtsposition des einzelnen und dürfe als solcher auch nur so gering als möglich ausfallen. Insoweit war nach Ansicht des BVerfG im Rahmen des § 46 UrhG eine Vergütungspflicht zum Ausgleich der Vermögensinteressen des Urhebers nicht entbehrlich.

BT-Drucks. 4/270, S. 30; BVerfGE 31, S. 229 (240ff.)

Damit wird aber deutlich, daß der Gesetzgeber die Freiheit des Urhebers als besonders schutzwürdig einstuft. Die Schranken dieser Freiheit in den §§ 45–63 UrhG sind Ausnahmen und wegen ihres Ausnahmecharakters auch eng auszulegen. Dies hat weiter zur Folge, daß bei einem Zusammentreffen von Einzelinteresse des Urhebers und Allgemeininteresse eine Einschränkung des Einzelinteresses nur zulässig ist, wenn eindeutig feststeht, daß dies erforderlich ist. Zweifel gehen insoweit zu Lasten der Allgemeinheit und die Zulässigkeit der beliebigen Nutzung des Werkes durch Dritte ist dann zu verneinen.

Ulmer, Urheberrecht, S. 6ff.; Fromm/Nordemann, vor § 45 UrhG, Rdnrn. 2f.; v. Gamm, § 45 UrhG, Rdnrn. 2ff.; Möhring/Nicolini, § 53 UrhG, Anm. 1b; RGZ 79, 397 (399); BGHZ 11, 135 (143); 17, 267 (281ff.)

Konzentriert man diese Überlegungen auf die §§ 53, 54 UrhG, so ergeben sich folgende Aspekte. § 53 UrhG läßt das Verbotsrecht des Urhebers, sein Werk zu nutzen, an der privaten Sphäre des einzelnen enden. Der Gesetzgeber hält es für unerläßlich, daß im persönlichen Bereich dem einzelnen die Möglichkeit gegeben sein muß, ein Werk zu benutzen. Diese Intention wird auch in § 54 UrhG für den dort geregelten sonstigen eigenen Gebrauch von Werken verfolgt. Mit den §§ 53, 54 UrhG wollte man somit der Gefahr vorbeugen, daß ein eigenwilliger Urheber oder ausschließlich Nutzungsberechtigter sich auf seine absoluten Rechte beruft und eine berechtigte und im Einzelfall auch erforderliche Benutzung so unmöglich oder nur unter großen Schwierigkeiten möglich macht.

Vgl. Fromm/Nordemann, vor § 45 UrhG, Rdnr. 7; Hubmann, Urheberrecht, S. 171f.

In der Möglichkeit, die Werke des IWF jederzeit anzufordern und sie zu benutzen, ist dem Kern des Interesses des einzelnen, nämlich dem freien Zugang zu geistigen Schöpfungen anderer für persönliche oder wissenschaftliche Zwecke, genüge getan. Die §§ 53, 54 UrhG sind nicht geschaffen worden, um dem einzelnen Unbequemlichkeiten oder angemessene finanzielle Aufwendungen zu ersparen, sondern um ihm die Möglichkeit der Werknutzung zu sichern. Diese Möglichkeit steht den Universitäten aber auch bei einem Verbot der Vervielfältigung offen.
Legt man diese Grundgedanken der gesetzlichen Regelung in den §§ 53, 54 UrhG der Situation zugrunde, daß ein Werk dem Dritten jederzeit zur Nutzung und zwar innerhalb der ersten zwei Wochen auch noch unentgeltlich überlassen werden soll, gleichzeitig aber die Vervielfältigung oder Überspielung des Werkes verboten wird, kann darin keine wesentliche Abweichung von den Intentionen des Gesetzgebers gesehen werden. Das Vervielfältigungsverbot verstößt nicht gegen § 9 Abs. 2 Nr. 1 AGBG.
Eine unangemessene Benachteiligung ist auch nach § 9 Abs. 1 AGBG nicht anzunehmen. Dies läßt sich anhand einiger neuerer Entscheidungen des BGH verifizieren. Zwar geht der BGH davon aus, daß der Verwender von Formularverträgen und sonstigen allgemeinen Vertragsbedingungen die Interessen seiner künftigen Geschäftspartner angemessen berücksichtigen muß, setzt aber den Grad der Unangemessenheit i. S. d. § 9 AGBG relativ weit oben an.
So sah er beim Verkauf von Gebrauchtwagen in dem Ausschluß jeglicher Gewährleistung durch den Verkäufer keine unangemessene Benachteiligung des Käufers. Ebenso sei ein Verbot, die Vertragsrechte bei einem Neuwagenkauf an Dritte abzutreten oder das Kfz vor Zulassung selbst weiterzuveräußern, keine unangemessene Klausel i. S. d. § 9 AGBG.
Eine Freizeichnung des Vermieters für leichtfahrlässig verursachte Nässeschäden an Gegenständen des Mieters halten unter dem Gesichtspunkt der unangemessenen Benachteiligung einer rechtlichen Überprüfung stand. Und selbst die Übertragung des Rechts zur Schallplattenvervielfältigung seitens eines Synchronsprechers durch Unterzeichnung einer entsprechenden AGB-Klausel bei der Gagen-Abrechnung, liegt nach Ansicht des BGH noch im Rahmen dessen, was § 9 AGBG zuläßt.

BGHZ 74, 383 (386); BGH NJW 81, 117 (118); BGH MDR 84, 669; BGH NJW 84, 1112 (1113); vgl. auch die Hinweise in Wolf/Horn/Lindacher, § 9 AGBG, Rdnrn. 49, 93ff.

Die Vertragspartner des IWF werden durch das Vervielfältigungsverbot in Ziffer 8 nicht unangemessen benachteiligt. Dies hat zur Folge, daß diese Klausel die §§ 53, 54 UrhG wirksam eingeschränkt hat und eine Berufung auf diese Vorschriften eine Vervielfältigung nicht rechtfertigen kann.

c. Gesamtbetrachtung des Klauselwerkes

Die Einzelkontrolle der Klauseln hat gemessen an den Beurteilungsmaßstäben des § 9 AGBG zu keiner Unwirksamkeit einer Klausel wegen unangemessener Benachteiligung geführt. Die Ziffern 7 und 8 schränken zwar die Rechte der Vertragspartner ein, tun dies aber sachlich gerechtfertigt und benachteiligen somit nicht unangemessen. Problematisch könnte freilich die Gesamtwirkung der Klauseln sein. Ziffer

3 bürdet dem Besteller die Versandkosten auf, und Ziffer 8 untersagt eine Vervielfältigung, so daß der finanziellen Belastung durch das Porto nicht durch Herstellung von Kopien entgangen werden kann. Ob hierin insgesamt eine unangemessene Benachteiligung liegt, ist nachzugehen.

Das Interesse der Hochschulen wird sich in der Regel auf die möglichst häufige und kostengünstige Nutzung der Werke des IWF richten. Hierbei ist es für sie hilfreich, wenn lästige Recherchen über Urheberrechte vom IWF übernommen werden, da dies meist nicht im nötigen Umfang von den Universitäten geleistet werden kann. Diese Interessen könnten durch die AGB beeinträchtigt werden, da durch das Vervielfältigungsverbot laufend Portokosten anfielen und schon so die Nutzungshäufigkeit von Werken stark reduziert würde.

Das IWF könnte dagegen anführen, daß es verpflichtet sei, mit Einnahmen zur Finanzierung der jährlichen Ausgaben beizutragen. Dies müsse durch Verkauf, Vermietung und Vergabe von Lizenzen geschehen und sei nur durchführbar, wenn nicht jeder ohnehin unter Berufung auf urheberrechtliche Ausnahmebestimmungen Kopien ziehen dürfe.

Auf den ersten Blick liegt in den Klauselbestimmungen der Ziffern 3 und 8 eine einseitige Begünstigung des IWF als Verwender dieser Klauseln. Es ist daher zu untersuchen, ob die Summierungswirkung von Ziffer 3 und 8 so wesentlich ist, daß sie gem. § 9 AGBG unwirksam sind oder ob ein sachlicher Grund die Interessenlage des IWF weiter stützen kann.

Die Beziehungen zwischen dem IWF und den Universitäten sind in ihrer praktischen Auswirkung letztlich unentgeltlich, wenn man von den Portokosten absieht. Insoweit fällt es schwer, das Argument der Finanzierung durch Vermietung gegenüber den Hochschulen nachzuvollziehen. Die entstehenden Portokosten fließen der Post zu, und das IWF erhält in der Regel keine Entschädigung für die Filmüberlassung. Allerdings darf man nicht vergessen, daß auch die Universitäten nicht erwarten konnten, durch den Abschluß eines Leihvertrages würde ihren Interessen in vollem Maße entsprochen. Läge nämlich insgesamt ein Leihverhältnis bezüglich der benutzten Werke vor, hätte dies nicht zur logischen Folge, daß sie die Werke überspielen dürfen.

Ausschlaggebend wird letztlich sein, daß durch ein beliebiges Vervielfältigen von Werken dem IWF einerseits die planerischen Grundlagen wegen fehlender statistischer Daten entzogen würden. Es wäre nicht oder nur unter verhältnismäßig großen Schwierigkeiten möglich, festzustellen, welche Filmwerke besonderen Anklang gefunden hätten, um so das weitere Produktionsprogramm damit abzustimmen. Weiterhin könnte die Gefahr entstehen, daß der Erwerb von Rechten an Fremdfilmen nicht oder nahezu nicht möglich würde, weil die Urheber dieser Fremdfilme nicht gewillt wären, durch eine einfache Lizenz für das IWF die gesamten Vertriebsmöglichkeiten für die Bundesrepublik Deutschland einzubüßen. Die Erteilung einer einfachen Lizenz für das IWF hätte nämlich zur Folge, daß sämtliche Kunden in der Lage wären, eine einmalige Mietzeit zur Überspielung zu nutzen.

Dieser Gefahr kann das IWF nur entgehen, wenn es die Möglichkeit hat, seinen Vertragspartnern die Vervielfältigung seiner Werke zu untersagen. Wägt man nun die Interessengegensätze ab, kann auch in der Gesamtschau keineswegs von einer unangemessenen Benachteiligung der Universitäten gesprochen werden. Gewisse Vor- und Nachteile müssen beide Vertragsparteien im Rahmen einer vertraglichen Beziehung in Kauf nehmen und so ist es keineswegs unzumutbar, den Universitäten eine jeweilige Bestellung mit entsprechenden Portokosten aufzubürden, auch wenn eine praktikablere Lösung in Teilbereichen durchaus denkbar wäre.

B. Einwand der unzulässigen Rechtsausübung

Die Überprüfung der Lieferbedingungen des IWF führte weder zu einer Unwirksamkeit des gesamten Klauselwerkes noch zur Nichtigkeit einzelner Ziffern. Es bleibt jedoch noch der mögliche Einwand der unzulässigen Rechtsausübung zu untersuchen. Denn eine Berufung des IWF auf den Wortlaut der Ziffer 8 zum Zwecke der Untersagung einzelner Vervielfältigungen könnte rechtsmißbräuchlich sein. Dieses Vervielfältigungsverbot zwingt die Kunden nämlich gegebenenfalls zu einer mehrfachen Anforderung der Filme. Mit den hierdurch entstehenden Versandkosten werden aber keine Urheberrechte abgegolten. Man könnte daher einwenden, es widerspreche dem Zweck des Instituts als gemeinnütziger GmbH, wenn die möglichst umfangreiche Nutzung der Filme durch ein Vervielfältigungsverbot erschwert würde, obwohl das IWF aus der Überlassung keinen kommerziellen Nutzen zieht. Eine Berufung auf das Vervielfältigungsverbot könnte unter diesen Umständen rechtsmißbräuchlich sein und deshalb gegen § 242 BGB verstoßen. Fraglich ist allerdings, ob für eine Anwendung von § 242 BGB noch Raum ist, da, wie die Darstellung der geschichtlichen Entwicklung gezeigt hat, das AGBG Ausfluß der Rechtsgedanken von Treu und Glauben ist.

1. Verhältnis von AGBG und § 242 BGB

§ 9 AGBG und § 242 BGB verbindet, daß sowohl das RG als auch später der BGH eine Überprüfung von AGB mit § 242 BGB begründet haben. Mit dem Inkrafttreten des AGBG hat aber § 9 AGBG den allgemeinen § 242 BGB als Grundlage und Maßstab der AGB-Inhaltskontrolle ersetzt. Soweit es um die Frage geht, ob die einseitige Belastung des Vertragspartners durch AGB zur Unwirksamkeit derselben führt, bleibt für eine Anwendung von § 242 BGB kein Raum. Andererseits kann es nicht zweifelhaft sein, daß § 242 BGB dort noch zur Anwendung kommen kann, wo der Geltungsbereich oder der typische Zweck von § 9 AGBG endet. So kann im Einzelfall die Geltendmachung von Rechten aus einer AGB-Bestimmung wegen des Gebots von Treu und Glauben ausgeschlossen sein, obwohl diese Bestimmung unter Berücksichtigung des § 9 AGBG wirksam vereinbart wurde.

Ulmer/Brandner/Hensen, § 9 AGBG, Rdnrn. 34ff.; Schlosser/Coester-Waltjen/Graba, § 9 AGBG, Rdnrn. 11ff.; Erman-Hefermehl, vor §§ 8, 9 AGBG, Rdnr. 6; Münch.Komm.-Kötz, vor § 8 AGBG, Rdnr. 9; Palandt-Heinrichs, Vorbem. v. § 8 AGBG, Anm. 4c; Staudinger-Schlosser, § 9 AGBG, Rdnr. 11; BGHZ 33, 216 (219)

2. Individueller Rechtsmißbrauch

Zweck des Instituts für den wissenschaftlichen Film ist gemäß § 3 Abs. 1 des Gesellschaftsvertrages, die Verwendung von Filmen in der Wissenschaft für Zwecke der Forschung und Lehre im Interesse der Allgemeinheit zu fördern. Gegenüber diesem Zweck könnte ein Beharren des IWF auf einem Verbot der Vervielfältigung (Ziffer 8) in Widerspruch stehen. Darauf ließe sich dann der Einwand eines venire contra factum proprium stützen.

Unter dem Begriff des venire contra factum proprium werden eine Fülle von Problemstellungen behandelt. Zum einen gehört dazu der Fall, daß ein Vertragspartner für den anderen einen Vertrauenstatbestand geschaffen hat und nun diesem Vertrauenstatbestand zuwiderhandelt. Zum anderen werden darunter die Fallgruppen gefaßt, in denen ein einmal entstandenes subjektives Recht vom anderen Teil wegen eingetretener Umstände, auf die er vertraute, für nicht mehr existent gehalten wird. Gemeinsam ist beiden Konstellationen, daß der eine Teil die Ursache für ein begründetes Vertrauen auf eine bestimmte Sach- oder Rechtslage beim anderen Teil hervorgerufen haben muß.

Staudinger-Schmidt, § 242 BGB, Rdnrn. 534ff., 595ff.; Münch.Komm.-Roth, § 242 BGB, Rdnrn. 295ff.; Palandt-Heinrichs, § 242 BGB, Anm. 4Ce; Erman-Sirp, § 242 BGB, Rdnr. 79; RGRK-Alff, Kommentar zum BGB, 12. Aufl. 1976, § 242, Rdnrn. 93ff.; Larenz, S. 123f.

Eine Fallkonstellation des venire contra factum proprium setzt also eine Divergenz zwischen früherem und jetzigem Verhalten voraus.

Fraglich ist aus diesem Grunde, ob in der regelmäßig kostenlosen Überlassung von Filmen durch das IWF ein Verhalten zu sehen ist, das bei den Kunden die Vorstellung erwecken mußte, die Dienste des IWF seien kostenlos. Dem kann nicht zugestimmt werden. Zwar muß den Universitäten zugegeben werden, daß bei der Anmietung von Filmen durch Bildungseinrichtungen in der Regel nur Versandkosten entstehen. Aber dies kann allein nicht die Annahme einer generellen Kostenfreiheit rechtfertigen. Die objektive Auslegung von Ziffer 2 der Lieferbedingungen (vgl. A.III.3.b.aa.) hat ergeben, daß es sich bei den Verträgen um Mietverhältnisse handelt, eine Überlassung der Filme nach zweiwöchiger Nutzung also gerade nicht kostenlos ist. Daneben wird den Hochschulen durch die Lieferbedingungen regelmäßig bekannt sein, daß das IWF auch Filme verkauft. Ein Verkauf oder eine Lizenzvergabe an Bildungseinrichtungen ist aber nur dann möglich, wenn diese ihren Bedarf nicht anders decken, z. B. durch Überspielen gemieteter Filme.

Unter anderem dient deshalb Ziffer 8 der Lieferbedingungen auch der Verhinderung dieser Möglichkeiten. Der klare Wortlaut dieser Klausel ist den Hochschulen mit Vertragsschluß regelmäßig bekannt. Ein Verlangen auf Einhaltung des Vertrages durch das IWF nach Bekanntwerden eines Verstoßes durch den anderen Vertragspartner kann in diesem Falle kein widersprüchliches Verhalten sein, sondern nur eine konsequente Fortführung des früheren Verhaltens. Denn eine irrtümliche Interpretation zweier Klauseln durch die Benutzer führt nicht zu einem vom Verwender zu verantwortenden Vertrauenstatbestand.

Ein Vertrauen, daß der andere Vertragspartner von seinen vertraglichen Rechten keinen Gebrauch machen wird, kann sich nur bilden, sofern Umstände oder Verhaltensweisen des anderen Teils zu dieser Annahme berechtigten Anlaß geben. Einer einschränkenden Interpretation der Ziffer 2 durch die Ziffer 8 seitens des anderen Vertragsteils kann hierfür kein Gewicht beigemessen werden, da eine solche Meinungsbildung nicht allein durch die Verwendung von AGB seitens des IWF veranlaßt, gefördert oder sonst verstärkt werden konnte. Ebenso ist der Satzungszweck des Instituts nicht ein Umstand, der nach Entstehung des vertraglichen Rechtes gem. Ziffer 8 das Vertrauen auf den Verzicht oder den Untergang des Rechtes begründet haben kann. Folglich hat das IWF sich nicht widersprüchlich verhalten. Insoweit kann ein venire contra factum proprium-Einwand gem. § 242 BGB die Rechtsposition der Hochschulen nicht stützen.

Vgl. Staudinger-Schmidt, § 242 BGB, Rdnr. 599; Soergel-Siebert-Knopp, Kommentar zum BGB, 10. Aufl. 1967, § 242 BGB, Rdnrn. 228ff.; Fikentscher, Schuldrecht, 6. Aufl. 1976. S. 118

C. Verletzung von Vertragspflichten durch das IWF gegenüber ihren Vertragspartnern bei Nichteinschreiten gegen unbefugte Nutzungen

Das IWF könnte aus den Vertragsverhältnissen zu den Anbietern von Fremdfilmen aufgrund einer besonderen Sorgfaltspflicht berechtigt und verpflichtet sein, die Überspielung von Filmkopien zu verbieten, um nicht selbst diesen Vertragspartnern gegenüber schadensersatzpflichtig zu werden.
Eine Sorgfaltspflicht, die unbefugte Vervielfältigung von Filmkopien zu verhindern, ist aus den mit Anbietern von Fremdfilmen getroffenen Formularvereinbarungen expressis verbis nicht zu entnehmen (vgl. 1. Teil B.II.). Eine solche Sorgfaltspflicht könnte allerdings auch stillschweigend vereinbart worden sein. Dies erscheint jedoch zweifelhaft, da das IWF zumindest urheberrechtlich nicht berechtigt ist, aus dem einfachen Nutzungsrecht an einem Fremdfilm vorzugehen (vgl. 1. Teil, C.). Deshalb könnte das IWF jeweils nur aus den vertraglichen Beziehungen zu ihren Kunden einer Zuwiderhandlung begegnen.
Dem IWF würde so das Risiko einer wirksamen vertraglichen Nutzungseinschränkung und das anschließende Prozeßrisiko bei Zuwiderhandlung durch unbefugte Nutzung aufgebürdet. Eine derartige Risikoverlagerung läßt sich aus der Formularvereinbarung nicht entnehmen. Käme es den Urheberberechtigten bei der Einräumung von einfachen Nutzungsrechten darauf an, daß der Nutzungsberechtigte das Urheberrecht auch gegenüber Verletzungen Dritter – mögen sie auch mit dem Nutzungsberechtigten vertraglich verbunden sein – schützt, so müßte er eine so weitreichende Pflicht ausdrücklich festlegen.
Demnach besteht für das IWF keine vertragliche Verpflichtung, Urheberrechtsverletzungen Dritter zu verhindern.
Freilich könnte dem IWF eine Anzeigepflicht bezüglich der unbefugten Benutzung durch seine Vertragspartner obliegen, da die Urheberberechtigten oft eine Verletzung ihrer Rechte wegen der fehlenden Nähe nicht erkennen können. Dies ist eine Frage des Einzelfalls und kann nur in Kenntnis der gesamten Umstände des jeweiligen Vertrages entschieden werden.
Ein Nichteinschreiten des IWF gegenüber unbefugter Benutzung kann wegen fehlender Sorgfaltspflicht jedenfalls nicht zu einer Schadensersatzverpflichtung seitens des IWF führen.

Zusammenfassung

Die AVMZ der Hochschulen können sich bei der Überspielung von Filmen des IWF nicht auf das Recht der Vervielfältigung zum persönlichen Gebrauch gem. § 53 Abs. 1 UrhG berufen. Der Gebrauch der Hochschule als juristische Person wird durch diese Vorschrift nicht erfaßt. Auch Vervielfältigungen im Auftrag des wissenschaftlichen Personals sind nicht nach § 53 Abs. 1 UrhG zulässig, da die Filme nicht zum persönlichen, sondern zum beruflichen Gebrauch bestimmt sind, der nicht unter § 53 UrhG fällt.

Den Hochschulen steht allerdings ebenso wie den einzelnen Wissenschaftlern das Recht der Vervielfältigung zum eigenen wissenschaftlichen Gebrauch gem. § 54 Abs. 1 Nr. 1 UrhG grundsätzlich zu. Hierbei ist jedoch nach der beabsichtigten Verwendung der Videokopien und deren Umfang zu unterscheiden.

Die Herstellung von Videokopien durch die AVMZ ohne Auftrag eines wissenschaftlichen Instituts und nur zum Aufbau einer Videothek in der Hochschule ist nicht gem. § 54 Abs. 1 Nr. 1 UrhG zulässig. Denn diesbezüglich fehlt es an einem wissenschaftlichen Gebrauch durch die AVMZ selbst, und die wissenschaftliche Betätigung eines anderen Hochschulinstituts kann mangels konkretem Gebrauchszweck für die Beurteilung nicht herangezogen werden.

Die Anfertigung von Videokopien im Auftrag eines Hochschulinstituts oder eines Wissenschaftlers zu deren wissenschaftlichem Gebrauch ist zwar grundsätzlich gem. § 54 Abs. 1 Nr. 1 UrhG gestattet. Bei Filmen des IWF ist jedoch eine solche Vervielfältigung nicht geboten, da ein Werkexemplar ohne Schwierigkeiten durch den Entleih oder Ankauf beim IWF beschafft werden kann. Geboten und damit zulässig ist somit nur die Vervielfältigung von kleineren Filmausschnitten, soweit diese für die wissenschaftliche Arbeit ständig benötigt werden und beim Verleih durch das IWF Engpässe auftreten. Denn sofern nur Teile des Werks benötigt werden, wären die Kosten für den Ankauf im Verhältnis zu den Aufwendungen für eine Kopie unverhältnismäßig und die Vervielfältigung deshalb geboten. Diese je nach Einzelfall differierende urheberrechtliche Beurteilung ist durch die detaillierte Regelung in §§ 53, 54 UrhG bedingt, die der Gesetzgeber aufgrund des schwierigen Ausgleichs zwischen den Interessen der Urheber und der Allgemeinheit gewählt hat. Die der Regelung immanenten Urheberrechtsbeschränkungen halten einer verfassungsrechtlichen Überprüfung stand.

Soweit das IWF nur die einfachen Nutzungsrechte an den Filmen hat, wird seine Rechtsposition auch durch unbefugte Nutzungen nicht beeinträchtigt. Als Inhaber der ausschließlichen Nutzungsrechte ist das IWF berechtigt, die unbefugten Nutzungen seitens der Universitäten zu unterbinden. Den Wissenschaftlern, die bei der Produktion von Hochschullehrfilmen mitwirken, ist das IWF aufgrund vertraglicher Vereinbarung auch zum Einschreiten verpflichtet.

Die sich aufgrund der urheberrechtlichen Beurteilung ergebende Rechtslage wird durch die Lieferbedingungen in einigen Punkten modifiziert. Soweit die Hochschulen sich für ihre Vervielfältigungen nicht auf die §§ 53, 54 UrhG stützen können, bleibt es bei der erwähnten Rechtslage. Für alle teilweisen Überspielungen von Werken, die zum eigenen wissenschaftlichen Gebrauch i. S. d. § 54 Abs. 1 Nr. 1 UrhG hergestellt werden, führen die wirksam vereinbarten Lieferbedingungen zu einer Vertragsverletzung seitens der Universitäten und damit zur Unzulässigkeit der Vervielfältigung.

Allgemeine Nichtigkeitsgründe und eine Möglichkeit zur Anfechtung dieser vertraglichen Vereinbarungen sind nicht gegeben. Die allgemeinen Geschäftsbedingungen des IWF halten sowohl der Einzelkontrolle anhand § 9 AGBG als auch der summarischen Betrachtung stand. Der Vorwurf der unzulässigen Rechtsausübung vermag die Rechtsposition der Universitäten nicht zu stützen. Es liegt insbesondere kein widersprüchliches Verhalten des IWF vor, wenn das Institut trotz grundsätzlich unentgeltlicher Überlassung eine Befugnis auch zur teilweisen Vervielfältigung vertraglich ausschließt.

Eine vertragliche Verpflichtung des IWF als einfache Lizenznehmerin, Urheberrechtsverletzungen Dritter zu unterbinden, besteht nicht. Eine Schadensersatzpflicht wird durch ein unterlassenes Einschreiten gegenüber solchen Verletzungen daher nicht ausgelöst.

GPSR Compliance

The European Union's (EU) General Product Safety Regulation (GPSR) is a set of rules that requires consumer products to be safe and our obligations to ensure this.

If you have any concerns about our products, you can contact us on ProductSafety@springernature.com

In case Publisher is established outside the EU, the EU authorized representative is:

Springer Nature Customer Service Center GmbH
Europaplatz 3
69115 Heidelberg, Germany

Batch number: 10682323

Printed by Printforce, the Netherlands